Werner Freigang | Barbara Bräutigam | Matthias Müller
Gruppenpädagogik

Basistexte Erziehungshilfen

Herausgegeben im Auftrag der
Internationalen Gesellschaft für erzieherische
Hilfen (IGfH) von
Josef Koch | Friedhelm Peters |
Elke Steinbacher | Wolfgang Trede

Werner Freigang | Barbara Bräutigam |
Matthias Müller

Gruppenpädagogik

Eine Einführung

Die Autor_innen
Prof. Dr. Werner Freigang ist Dekan an der Hochschule Neubrandenburg im Fachbereich Soziale Arbeit, Bildung und Erziehung.
Prof. Dr. Barbara Bräutigam ist Professorin für Psychologie, Beratung und Psychotherapie an der Hochschule Neubrandenburg.
Prof. Dr. Matthias Müller ist Professor für Pädagogik, Sozialpädagogik, Hilfen zur Erziehung an der Hochschule Neubrandenburg.

Dieses Buch ist erhältlich als:
ISBN 978-3-7799-2685-6 Print
ISBN 978-3-7799-5237-4 E-Book (PDF)

1. Auflage 2018

Herstellung. Hannelore Molitor
Satz: text plus form, Dresden
Druck und Bindung: Beltz Grafische Betriebe, Bad Langensalza
Printed in Germany

Weitere Informatioen zu unseren Autor_innen und Titeln finden Sie unter:
www.beltz.de

Inhalt

Einleitung

Anliegen dieses Buches

Für fast alle Menschen in modernen Gesellschaften spielt sich ein großer Teil ihres Lebens, insbesondere ihrer Kindheit und Jugend, in institutionalisierten oder informellen Gruppen ab. Ob in Schulklassen, in Vereinen oder gemeinnützigen Organisationen – Lernen und Arbeiten und auch freie Zeit sind zu einem erheblichen Teil in Gruppen organisiert. Vordergründig betrachtet geschieht dies häufig aus praktischen Erwägungen, etwa in der Schule, um Inhalte leichter und ökonomischer zu vermitteln, damit also nicht Lehrende vielfach dasselbe erzählen müssen. In Gruppen werden Kinder und Jugendliche unterrichtet, unterwiesen und trainiert, in Gruppen verbringt man die meiste Schulzeit, dort findet aber auch ein erheblicher Teil der Freizeit statt. Verschiedene Arten von Gruppen spielen dabei für uns eine Rolle, die wir hier nicht systematisch, sondern nur kurz an Beispielen benennen wollen.

- Vielfach nehmen wir Gruppen als solche gar nicht wahr, weil die Zugehörigkeit nur einen sehr kurzen Zeitraum umfasst, wie etwa bei einer Arbeitsgruppe im Studium oder bei einer Fachtagung. Dass es sich in solch einem Fall wirklich um eine Gruppe handelt, wird manchmal erst dann deutlich, wenn es darum geht, eine/n Teilnehmer*in zu finden, die/der die Ergebnisse der Gruppenarbeit im Plenum vorstellt.
- Manche Gruppen verstehen sich selbst nicht unbedingt als Gruppen, weil sie sich nicht als solche organisieren und konstituieren, etwa Cliquen mit wechselnder Besetzung, Kaffeekränzchen oder ähnliches. Sie unterscheiden sich damit deutlich von formellen Gruppen wie Schulklassen, Sportmannschaften oder Teams in Einrichtungen, die über relativ feste Strukturen verfügen und bei denen die Zugehörigkeit formal geregelt ist.

- Relativ neu ist die zunehmende Bedeutung von Gruppen, in denen die Zugehörigkeit klar geregelt wird, wechselseitige Interaktion stattfindet, allerdings die Menschen sich nicht direkt kennen (müssen), wie etwa bei WhatsApp-Gruppen.

Wir werden uns in diesem Band auf die Betrachtung solcher Gruppen beschränken, die auf (relative) Dauer angelegt sind und deren Mitglieder direkt miteinander kommunizieren (können), also informelle Gruppen oder spontane Ad-hoc-Gruppen sowie Gruppen in sozialen Netzwerken des Internets nicht berücksichtigen. Wir wissen, dass z.B. der Umgang mit Facebook u.ä. in vielen Wohngruppen ein sehr wichtiges Thema ist, werden diesen Aspekt aber in diesem Band nicht behandeln.

Jeder hat schon die Erfahrung gemacht, dass sich – insbesondere in dauerhaften Gruppen mit intensiver Interaktion – viel mehr innerhalb der Gruppe abspielt als das, worauf die Mitglieder oder auch die Gruppenleiter*innen, Lehrer*innen, Trainer*innen, Mitarbeiter*innen in Jugendgruppen und Freizeiteinrichtungen usw. offiziell oder bewusst abzielen. Dieses Dahinterliegende ist für die Beteiligten oft wichtiger und interessanter als das, worum es vereinbarungsgemäß in der Gruppe gehen soll. Und genau das, was sich in Gruppen „unter der Oberfläche“ abspielt, was dort „scheinbar nebenbei“ gelernt wird, und wie dies gelernt wird, soll ein wichtiges Thema in diesem Band sein. Wir wollen uns mit Merkmalen von Gruppen und mit den Gesetzmäßigkeiten dessen beschäftigen, wie sich Gruppen entwickeln, was in Gruppen geschieht, um dann die Bedingungen, Möglichkeiten und Schwierigkeiten zu betrachten, wie sich Lernprozesse in Gruppen, insbesondere in Gruppen in der Erziehungshilfe planen und gestalten lassen.

Arbeit mit Gruppen in den Hilfen zur Erziehung als Thema von Forschung und Fachliteratur

Angesichts dessen, dass in der Erziehungshilfe so vielfältig und dauerhaft mit Gruppen gearbeitet wird, überrascht es, dass in den letzten Jahren – wie oben bereits angedeutet – über Gruppenpädagogik und Gruppenarbeit im Kontext der Erziehungshilfen und darüber hinaus nur sehr wenig geforscht und geschrieben wurde. Michael Galuske (2007) betrachtet in seinem Band „Methoden der Sozialen Arbeit“ Gruppenarbeit nur noch historisch als Bestandteil eines herkömmlichen Methodenkanons aus Einzelfallhilfe, Gruppenarbeit und Gemeinwesenarbeit. Christian Schrapper stellt in einem der seltenen Beiträge zur Gruppenpädagogik angesichts der Literaturlage der neueren Methodenbücher zur Sozialen Arbeit fest: „Gruppenarbeit oder Gruppenpädagogik werden schlicht nicht mehr behandelt“ (Schrapper 2009: 205). Ähnlich wie Schrapper kommen Behnisch u. a. zu der Einschätzung, „dass sich soziale Gruppenarbeit als methodisches Konzept der Kinder- und Jugendhilfe seit den 1980er Jahren konzeptionell und in seiner theoretischen Begründung nur partikular weiter entwickelt zu haben scheint“ (Behnisch u. a. 2013: 29).

> „Ist damit die Entwicklungsgeschichte einer eigenständigen Methodik und Didaktik der pädagogischen Arbeit in und mit Gruppen am Anfang des 21. Jahrhunderts an ihr Ende gekommen? Aufgelöst einerseits in die zwar folgenreiche, aber doch auch banale Erkenntnis, dass in zahlreichen Handlungskontexten Gruppen eine Rolle spielen, und andererseits in die Entwicklung entweder kommunikativer oder therapeutischer Verfahren und Techniken in Gruppen?“ (Schrapper 2009: 205)

Oder liegt das geringe Interesse der Forschung an diesem Thema eher daran, dass „Kernsätze gruppenpädagogischer Methodik (…) (banal) klingen“, obwohl sie doch „komplexe Prozesse und Wechselwirkungen (reflektieren)? Es muss daher wohl als Verdienst gruppenpädagogischer Konzeptentwicklungen der zurückliegenden rund 100 Jahre verstanden werden, solche und andere ‚Grundregeln‘ der Prozesse menschlicher Arbeit bei der Aneignung und Gestaltung von Sozietät mehr experimentiert als reflektiert erarbeitet und erprobt zu haben“ (Schrapper 2009: 207 f.), sie dabei aber so erfolgreich und als selbstverständlich etabliert zu haben (vgl. auch Hartwig u. a. 2011), dass sie nicht mehr eigens thematisiert werden.

Auch Behnisch u. a., die 2013 eine der wenigen umfassenden Veröffentlichungen zu Sozialer Gruppenarbeit mit Kindern und

Jugendlichen verfasst haben, teilen die Einschätzung, „wonach soziale Gruppenarbeit nach wie vor keinen zentralen Stellenwert in den fachlichen Debatten der Jugendhilfe findet“ (ebd.: 22). Sie belegen dies mit dem geringen Stellenwert, den die Themen Gruppenarbeit und Gruppenpädagogik mit Kindern und Jugendlichen in Monografien, Handbüchern, Herausgeberbänden und Fachzeitschriften in den letzten 15 Jahren – von wenigen Ausnahmen abgesehen – einnehmen.

Ein wesentlicher Grund liegt ihrer Meinung nach darin, dass Erziehungshilfen rechtlich – und auch sozialpädagogisch – als Hilfe für den Einzelfall konzipiert sind und nicht als Angebot für Gruppen. Auch das Hilfeangebot für ein Kind oder einen Jugendlichen, an einer Maßnahme der Sozialen Gruppenarbeit teilzunehmen, geht von den individuellen Bedarfen des Heranwachsenden aus und nicht von (der Situation) einer Gruppe.

Weiterhin merken diese Autor*innen (vgl. ebd.) noch an, dass Soziale Gruppenarbeit meist historisierend bearbeitet wird und aktuelle Bezüge nur selten dargestellt werden. Auch sie führen das – wie Schrapper – unter anderem auf fehlende pädagogische Forschung und Konzeptentwicklung zurück, insbesondere das weitgehende Fehlen einer pädagogisch empirischen Forschung der Sozialen Gruppenarbeit mit Kindern und Jugendlichen. Eine Ausnahme jüngster Zeit ist die schon genannte Arbeit von Hartwig u.a. (2011), die auf ein Forschungsprojekt zur „Gruppenarbeit in der Heimerziehung“ zurückgeht.

Etwas irritierend ist diese Situation deswegen, da jenseits des Diskurses in den Hilfen zur Erziehung Gruppen und Gruppenpädagogik an Bedeutung gewinnen. Erkennbar wird dies in der zunehmenden Institutionalisierung von Kindheit (d.h. den Tendenzen zur Defamilialisierung, der höheren Bedeutung der außerfamiliären Kleinkinderziehung und des Kita-Bereichs), in der Aufwertung informeller Bildung im Kinder- und Jugendbereich (mit dem Ziel, Erfahrung von Selbstwirksamkeit zu ermöglichen, zu partizipieren und demokratische Kultur zu erlernen) sowie auch in der Indienstnahme von – z.T. rigiden – Gruppensettings beim Scheitern an den mit der zunehmenden Individualisierung verbundenen Anforderungen des ‚selbstverantwortlichen Individuums‘, das dann auch die Konsequenzen falscher oder risikobehafteter Entscheidungen tragen muss. Eventuell aber heißt das dann nicht mehr Gruppenpädagogik, sondern ‚Kleinkindpädagogik‘, ‚frühkindliche Erziehung‘ resp. ‚Peer Culture‘, ‚Training‘ oder ‚Intensivpädagogik‘. Diese Form der ‚Modernisierung‘ oder Neu-Erfindung von Gruppen in der Kindheit kann allerdings hier nicht behandelt werden, obwohl eine Auseinandersetzung mit diesen Phänomenen sicherlich wichtig wäre.

Zum Aufbau dieses Bandes

Dieses Buch will und kann keinen Leitfaden vermitteln, wie man sich als Mitarbeiter*in im Gruppenalltag behaupten und durchsetzen kann, will aber helfen, den Alltag und spezifische Situationen und Phasen in Gruppen zu verstehen, und Hinweise geben, wie es möglicherweise gelingen kann, die Arbeit mit Gruppen zu strukturieren und besser zu bewältigen.

Wir werden versuchen, wissenschaftliche Erkenntnisse praxisbezogen und kompakt darzustellen, dabei nicht zu sehr zu verkürzen, aber auch nicht zu sehr zu differenzieren. Wir werden Erkenntnisse der Forschung zu den Themen Gruppe, Gruppenarbeit, Gruppenpädagogik und Gruppendynamik nur insoweit darstellen, wie uns das für das Verstehen und Bearbeiten von Gruppenprozessen im Bereich der Erziehungshilfen notwendig erscheint, alles andere würde den Rahmen eines Basistextes sprengen. Dieses Buch soll eine Hilfe für die Reflexion von Prozessen darstellen, die in Gruppen geschehen, und Möglichkeiten aufzeigen, wie mit Gruppen gearbeitet werden kann. Die Leser*in wird aber keine einfachen Rezepte finden, auf die sie in schwierigen Situationen zur Bewältigung zurückgreifen kann. Im günstigen Fall kann die Lektüre dazu beitragen, dass die Leser*innen auf manche Situationen besser vorbereitet sind, sodass Fehler und Eskalationen vermieden werden können. Unsere Hoffnung ist, dass die Lektüre dazu beiträgt, Gruppengeschehen strukturierter zu beobachten und zu reflektieren und in dessen Folge auch besser handeln zu können.

Der Band richtet sich insbesondere an Praktiker*innen der Erziehungshilfen, d.h. an Fachkräfte aus der Heimerziehung, aus

Tagesgruppen und Sozialer Gruppenarbeit sowie an Studierende der Sozialpädagogik und Sozialarbeit, die mit Gruppen arbeiten wollen oder es bereits tun. Er ist auch gedacht für Fachleute, die in einem anderen Arbeitsbereich wie etwa dem Jugendamt arbeiten, oder für Interessierte, die außerhalb der Erziehungshilfe mit Gruppen arbeiten, also z. B. Fachkräfte und Ehrenamtliche in der Jugendarbeit, Schulsozialarbeiter*innen, sowie – künftige – Lehrer*innen und alle, die etwas über Gruppen wissen wollen. Es lässt sich bei diesem Unterfangen nicht vermeiden, auch einiges zu wiederholen, was manchen bekannt ist. Deshalb haben wir uns bemüht, so zu schreiben, dass auch die einzelnen Kapitel für sich verständlich sind.

Als Band in der Buch-Reihe „Basistexte Erziehungshilfen" versucht er grundlegendes Wissen für die Praxis zu vermitteln und ist in vier Kapitel gegliedert, die vom Allgemeinen – „Was sind eigentlich Gruppen und welche Merkmale haben sie?" – zum spezifischen Thema der Erziehungshilfe – „Wie können wir in den Hilfen zur Erziehung mit Gruppen arbeiten?" – führen. Insgesamt folgen wir annähernd den Anforderungen, wie sie Geißler und Hege (2007) formuliert haben, orientieren uns daran, über welches Wissen eine Fachkraft verfügen sollte, die mit Gruppen arbeitet. Dazu auch Galuske (2007: 94 ff.):

- „Wissen aus der Kleingruppenforschung
- Handlungsleitende und ethische Prinzipien
- Phasierungen des Gruppenprozesses
- Rolle und Verhalten des/der Gruppenpädagogen/Gruppenpädagogin
- Verfahren/Techniken der Einflussnahme auf das Gruppengeschehen"

In Kapitel 1 geht es um das, was wir über Gruppen wissen, deren Eigenschaften und Merkmale. Zunächst werden die zentralen Merkmale von Gruppen beschrieben, danach das Verständnis von Gruppen aus den Perspektiven unterschiedlicher wissenschaftlicher Ansätze erläutert. Daran anschließend werden Merkmale und Arten von Gruppen vorgestellt sowie Gesetzmäßigkeiten von

Gruppen, die sich aus der Kleingruppenforschung der letzten Jahrzehnte ergaben. Schließlich wird (1.4) Gruppe als zentrales Lernfeld im Lebensfeld dargestellt, dabei wird insbesondere auf die Besonderheiten von Primär- und Peergruppen eingegangen.

Im 2. Kapitel werden die theoretischen Grundlagen sowohl für das Verstehen von Gruppenprozessen wie auch für die Steuerung von und der Arbeit mit Gruppen vorgestellt. Zunächst geht es um die Dynamiken in Gruppen (2.1), dann um das Verstehen von Gruppenprozessen und -strukturen und unterschiedlichen Rollen in Gruppen, schließlich um die Leitung und Moderation von Gruppen und unterschiedliche Gruppentypen in der Sozialen Gruppenarbeit.

Im 3. Kapitel werden Geschichte und Konzepte der Sozialen Gruppenarbeit und der Gruppenpädagogik in ihren jeweiligen Kontexten vorgestellt. Gewöhnlich erwartet man die Geschichte eines Arbeitsfeldes zu Beginn eines Bandes. Bei dieser Thematik erscheint es uns allerdings so, dass die Rückbezüge zu den Wurzeln aktueller Ansätze so stark ausgeprägt sind, dass sich der unmittelbare Zusammenhang zwischen historischen und aktuellen Ansätzen auch in der Gliederung wiederfinden sollte.

Schwerpunkt des 4. Kapitels dieses Bandes ist die Arbeit mit Gruppen in den Hilfen zur Erziehung. Zunächst (4.1) wird auf die Besonderheiten der Gruppen in den Erziehungshilfen eingegangen, um im Anschluss (4.2) Ansätze der Gruppenpädagogik vorzustellen, die auf den zuvor beschriebenen Konzepten aufbauen.

Im 5. Kapitel werden offene Fragen und Herausforderungen für die weitere Entwicklung der Arbeit mit Gruppen in den Erziehungshilfen benannt.

Glossar: Erläuterungen zu den wichtigsten in diesem Band verwendeten Begriffen

Gruppe

Formal versteht man unter einer Gruppe ganz allgemein zwei oder mehr Menschen, die miteinander interagieren und sich gegenseitig in ihren Bedürfnissen und Zielen beeinflussen (Cartwright & Zander 1968; Lewin 1948, zit. nach Aronson et al. 2008: 275).

Behnisch u.a. konkretisieren diese allgemeine Definition für die *soziale Gruppe* folgendermaßen:

Demnach bilden Menschen „eine Gruppe,

1. wenn sie sich als zusammengehörig erleben
2. an gemeinsamen Aufgaben tätig werden und gemeinsame Ziele anstreben
3. Normen und Verhaltensvorschriften für einen bestimmten Bereich teilen
4. Ansätze von Aufgabenteilung und Rollendifferenzierung entwickeln
5. mehr Interaktionen untereinander als nach außen zeigen
6. sich mit ‚einer gemeinsamen Bezugsperson oder einem gemeinsamen Sachverhalt oder einer Aufgabe‘ identifizieren (Sader 1997: 39)
7. sich ‚räumlich und/oder zeitlich von anderen Individuen der weiteren Umgebung‘ unterscheiden (ebd.).“ (Behnisch u.a. 2013: 13f.)

Gruppenpädagogik

Gruppenpädagogik stellt nach einer klassischen Definition von Magda Kelber einen bewusst in dieser Form gestalteten Erziehungsprozess dar:

„Die Gruppenpädagogik stellt bewußt die kleine überschaubare Gruppe in den Mittelpunkt ihrer Überlegungen. Hier können die persönlichen

Beziehungen entstehen, ohne die eine Erziehung unmöglich ist. Solche kleinen Gruppen werden durch ein gemeinsames Anliegen (Sport, Musik, Kameradschaft, Arbeit) zusammengeführt. Die Gruppenpädagogik befaßt sich mit der bewußt pädagogisch geleiteten Gruppe. Nicht alles, was in kleinen Gruppen geschieht, ist schon Gruppenpädagogik." (1959: 4, zit. nach Behnisch u.a. 2013: 68)

Eine neuere, noch umfassendere Definition stammt von C. Wolfgang Müller (1987: 130):

„Die Gruppenpädagogik ist eine Methode, die bewußt die kleine überschaubare Gruppe als Mittelpunkt und Mittel der Erziehung einsetzt, und zwar beruht die pädagogische Hilfestellung auf einer Durchleuchtung und bewußten Beeinflussung des Gruppenprozesses. Das ist eine formale Bestimmung. Inhaltlich handelt es sich

1. um die Ablösung einer autoritären durch eine partnerschaftliche Erzieherhaltung;
2. um das Freimachen der Aktivität des Einzelnen in einem gemeinsam gestalteten Tun (Programm);
3. um das Ernstnehmen der selbsterzieherischen Tendenz schon in Kindheit und Jugendzeit; um das Raumgeben für ursprüngliche, entwicklungsgemäße Gemeinschafts- und Ausdrucksformen;
4. um ein pflegendes, bildendes oder führendes Arbeiten des Gruppenleiters in einer aktiv an ihrer Entwicklung mitbeteiligten Gruppe."

Christian Schrapper (2009: 189f.) findet am Vergleich von vier exemplarischen Gruppen (Kita-Gruppe, Heimgruppe, Gruppe in einer Jugendvollzugsanstalt und Jugendgruppe im Konfirmandenunterricht) „das Gemeinsame und Typische (…) für Gruppen, in denen *Pädagogik gemacht wird*", in

1. „der sozialen „Struktur einer absichtsvoll *‚komponierten'* Zahl von Menschen, genannt *Gruppe*. (…)
2. Die Organisation dieser vier Gruppen ist ebenfalls nicht zufällig, sie wird gestaltet und verantwortet von dafür eigens benannten Institu-

tionen, die mit Aufträgen und Ressourcen ausgestattet (…) ihre pädagogischen Aufträge und Absichten realisieren.

3. Neben der so in mehrfacher Weise bestimmten sozialen Struktur dieser pädagogischen Gruppen ist auch ihre Leitung eindeutig definiert; auch hier wird nichts dem Zufall überlassen, wenngleich die vier Gruppen (…) ihre jeweils eigenen Hierarchien, Regeln und Rollen ausprägen. Die daraus in allen vier Gruppen in jeweils spezifischer Weise – abhängig von Strukturen und Personen – geprägten und gespeisten Spannungsverhältnisse von formeller und informeller Einflussnahme machen einen wesentlichen Teil der *pädagogischen Kultur* dieser Lerngruppen aus.
4. Ebenso wie Zugehörigkeit und Leitung sind die Programme oder Inhalte aller vier Gruppen ausdrücklich beschrieben, meist in schriftlichen Konzepten. (…)
5. Nicht zuletzt sind alle vier Gruppen durch methodische und didaktische Konzepte ausgewiesen, die (…) durch Institutionen, Gesetze, Gruppenleiterinnen und -leiter sowie ihre konkreten Programme bestimmt werden.“

Soziale Gruppenarbeit

Soziale Gruppenarbeit ist neben der Einzelfallhilfe und der Gemeinwesenarbeit eine der klassischen Methoden der Sozialen Arbeit. Zugleich steht Soziale Gruppenarbeit in spezieller Bedeutung für Leistungen des SGB VIII § 29.

Gisela Konopka, die maßgeblich an der Etablierung der Sozialen Gruppenarbeit in Deutschland beteiligt war, definierte Soziale Gruppenarbeit als *„eine Methode der Sozialarbeit, die dem Einzelnen hilft, seine soziale Funktionsfähigkeit durch sinnvolle Gruppenerlebnisse zu erkennen und um persönlichen, Gruppen- oder gesellschaftlichen Problemen besser gewachsen zu sein.“* (Konopka 1978: 39) Behnisch u.a. spezifizieren dies mit ihrem Definitionsvorschlag:

„Soziale Gruppenarbeit umfasst alle Handlungsformen, in denen die pädagogisch geleitete Gruppe ‚Ort und Medium der Erziehung‘ (Galuske 2007: 93) ist.

Der normative Bezugspunkt sozialer Gruppenarbeit ist die ‚Entwicklung der eigenverantwortlichen und gemeinschaftsfähigen Persönlichkeit' (§ 1 SGB VIII).

Zur Beschreibung und Reflexion sozialer Gruppenarbeit sind vier Dimensionen (Individuum, Interaktionsbeziehung, Inhalt, Kontext) unverzichtbar.

In der pädagogischen Gestaltung entwicklungsfördernder Prozesse in Gruppen kommt es auf die balancierte Wechselwirkung individueller, interaktioneller, inhaltlicher und kontextueller Aspekte an." (Behnisch u. a. 2013: 21)

Der Begriff *Gruppendynamik* wird im wissenschaftlichen Bereich für drei verschiedene Gegenstände verwendet, was beim Lesen zu Irritationen führen könnte. Er bezeichnet

1. ein spezifisches Phänomen, das bei wiederholter sozialer Interaktion im persönlichen Kontakt von Menschen in Gruppen auftritt;
2. eine Methode, mit der Prozesse in Gruppen erfahrbar gemacht und beeinflusst werden können;
3. die wissenschaftliche Disziplin, die diese Prozesse, Muster und Dynamiken und die Methoden der Beeinflussung erforscht.

Wir werden im Folgenden den Begriff Gruppendynamik im Sinne des Geschehens innerhalb von Gruppen verwenden, die Tätigkeit der Beeinflussung von Gruppen werden wir Gruppenleitung nennen, die wissenschaftliche Disziplin rechnen wir der Sozialpsychologie zu, ohne sie mit Gruppendynamik zu benennen.

Der gruppendynamische Prozess einer Gruppe umfasst die gesamte Entwicklung der Gruppe, die klassischen Phasen, die Verteilung der Rollen, die Bestimmung der Ziele und Aufgaben, die Bildung der Normen und Regeln, die Gestaltung der Kultur, die Verteilung von Macht, die Aufnahme neuer Mitglieder, der Umgang mit Dritten und anderen Gruppen. Jedes Handeln (aktiv und unterlassend) in der Gruppe gehört zum Prozess und ist dynamisch. Eine zentrale Grundannahme der Gruppendynamik besteht darin, dass Eigenschaften und Fähigkeiten einer Gruppe verschieden sind von der Summe der Eigenschaften und Fähigkeiten der einzelnen Personen dieser Gruppe (vgl. König & Schattenhofer 2012).

Unter *Gruppenleitung,* einer Gruppenleiterin oder einem Gruppenleiter verstehen wir in diesem Band die zugeschriebene Position einer Fachkraft als Verantwortliche für die Gestaltung der Arbeit mit der Gruppe und die sich daraus ergebenden Handlungen von Steuerung, Moderation, Feedback u. ä. Eine Führer*in oder Anführer*in einer Gruppe kann demgegenüber auch ein Gruppenmitglied werden, das diese Position in der Gruppe erwirbt.

1 Gruppen, ihre Eigenschaften und Merkmale

Im Alltagsverständnis erscheint uns der Begriff Gruppe meist klar, und doch gibt es eine ganze Reihe von Definitionen, die um Unterscheidungen bemüht sind. Verschiedene wissenschaftliche Disziplinen haben sich in der Vergangenheit mit dem Thema Gruppe befasst und dabei in unterschiedlichen Definitionen unterschiedliche Verständnisse der Merkmale von Gruppen hervorgebracht, die wir in diesem Kapitel zusammenfassend darstellen wollen.

Formal versteht man – wie in der Einleitung bereits erwähnt – unter einer Gruppe ganz allgemein zwei oder mehr Menschen, die miteinander interagieren und sich gegenseitig in ihren Bedürfnissen und Zielen beeinflussen (Cartwright & Zander 1968; Lewin 1948, zit. nach Aronson et al. 2008: 275).

Anthropologisch und evolutionsgeschichtlich leben Menschen in Gruppen zusammen und sind von Natur aus keine Einzelgänger. Es gibt ein evolutionsbiologisch bestimmtes Interesse, sich in Gruppen zusammenzuschließen, um das Überleben zu sichern, d. h. der Mensch war und ist allein von seiner genetischen Ausstattung her nur sehr schwer in der Lage, allein zu überleben. Menschen brauchen andere, aber nicht nur zum puren biologischen Überleben, sondern auch um ihres psychischen Wohlbefindens willen. Isolation, Einsamkeit und keine ausreichenden sozialen Netzwerke stellen beispielsweise große Risikofaktoren dar, psychisch zu erkranken (vgl. z. B. Sonnenmoser 2012). In Bezug und in Abgrenzung auf andere sind Menschen in der Lage, Identität herzustellen, d. h. ein Gefühl dafür zu bekommen, was sie als Individuum mit anderen Menschen verbindet, aber auch von anderen unterscheidet und in ihrer Eigenheit ausmacht.

Menschen sind ebenfalls auf andere Menschen angewiesen, wenn es darum geht, das soziale Miteinander zu organisieren, d. h. wenn es darum geht, gemeinsame Regeln, Normen und Werte zu entwickeln.

Beispiel
Lilli, Krischan und Merle, alle zwischen drei und vier Jahre alt, wollen Mutter, Vater, Kind spielen. Während des Spiels werden von allen am Spiel beteiligten Kindern kontinuierlich explizite Regeln aufgestellt. „Krischan, Du bist der Vater, Du kommst nach Hause und musst fragen, warum das Kind noch nicht schläft. Lilli, Du bist das Baby, Du musst die ganze Zeit schreien. Und Du Merle, Du bist die Mama, Du musst das Baby trösten…" etc.

Die Anweisungen und Regeln werden immer wieder modifiziert und verändert, bis das Spiel vorbei ist. Das Spiel in der Gruppe organisiert sich bereits im frühen Kindesalter über die Aushandlung von Regeln, was somit auch die implizite Bildung von Normen und Werten beinhaltet: Es kommt häufig vor, dass Säuglinge schreien; es gehört sich dann als ein liebevoller Umgang und ist somit richtig und wertvoll, dass sich ein Erwachsener darum kümmert und das Baby tröstet.

Alle Gruppen haben bestimmte eigene Regeln, Werte und Normen, nur sind diese nicht immer klar formuliert und z. T. auch nicht im Bewusstsein der Gruppe, sondern eher für eine Person außerhalb der Gruppe klar zu erkennen. Dieses wird vor allem beim Aufeinandertreffen von Gruppen mit unterschiedlichem kulturellen Hintergrund deutlich.

Beispiel
Beim Besuch einer Sozialarbeitseinrichtung in einer kleineren US-amerikanischen Stadt wird den deutschen Gästen Wasser oder Kaffee zum Trinken angeboten. Bei der Entscheidung für Wasser bekommen alle eine Plastikflasche ohne Glas. Für den deutschen Besucher wird ersichtlich, dass es in diesem kulturellen Kontext offenbar erlaubt ist und keinen Regelverstoß darstellt, in Gegenwart von anderen aus der Flasche zu trinken.

Aronson et al. (2008) verweisen auf die tendenzielle Homogenität von Gruppen. Menschen fühlen sich zu den Menschen hingezogen, die ihre Einstellungen teilen und mit denen sie sich in irgendeiner Weise identifizieren können. Insofern tendieren Gruppen dazu, Mitglieder aufzunehmen, die ihnen ähnlich sind, was wir alle aus beliebigen Alltagserfahrungen kennen: „Gleich und gleich gesellt sich gern". Im Gegenzug dienen Gruppen aber auch dazu, sich von anderen abzugrenzen, indem immer wieder Grenzziehungen im Sinne von „wir und die anderen" erfolgen – häufig, aber nicht notwendig, verbunden mit der Überhöhung der eigenen und Abwertung der ‚fremden' Gruppe (mehr dazu in Kap. 1.2).

1.1 Gruppe aus der Perspektive verschiedener wissenschaftlicher Ansätze

Insgesamt stellt die Forschung zu Gruppen gewissermaßen das Bindeglied zwischen Soziologie und Psychologie dar, in der Psychologie befasst sich vorwiegend die *Sozialpsychologie* mit dem Thema der Gruppe. Nach Crawford, Price und Price (2015) wird die sozialpsychologische Forschung zur Sozialen Gruppenarbeit durch vier Theorien maßgeblich geprägt; dazu zählen sie die Psychoanalyse, kognitiv-behaviorale, humanistische und Empowerment-Ansätze. Bevor wir summarisch zentrale Ergebnisse der Sozialpsychologie (Kap. 1.2) referieren, wollen wir kurz auf *soziologische, tiefenpsychologische, systemische* und *verhaltensorientierte* Ansätze eingehen, weil diese uns insbesondere im deutschsprachigen Raum für die Gruppenpädagogik als besonders prägend erscheinen. Jenseits aller z. T. schulenspezifischer Differenzierungen ist all diesen theoretischen Auffassungen von Gruppen gemein, die Gruppe als ein gemeinsames und somit auch pädagogisches Lernfeld für den impliziten und expliziten Erwerb sozio-emotionaler Kompetenzen zu verstehen.

Gruppen in soziologischer Perspektive

In der Soziologie wird zwischen informellen, formellen, primären und sekundären sowie der sich-selbst-bezeichnenden Gruppe differenziert (vgl. Preyer 2012: 103 ff.).

Informelle Gruppen haben kein explizites Regelwerk. Zu informellen Gruppen zählen beispielsweisen Cliquen von Kindern und Jugendlichen aber auch Erwachsene oder ältere Menschen, die sich ohne äußere Anlässe treffen, gemeinsame Unternehmungen starten und sich miteinander verbunden fühlen. Nach Oliver König (2010) vermitteln solche Gruppen dem Individuum die frühesten und umfassendsten Erfahrungen des sozialen Ganzen. Informelle Gruppen zeichnen sich durch Unmittelbarkeit und Spontanität (wer da ist, ist da), Diffusität (es gibt keine ausdrücklich festgelegten Rollen) und eine gewisse, mittelfristige Dauerhaftigkeit aus. Sie funktionieren auf einer überwiegend emotionalen Grundlage und sind deshalb auf dieser Ebene auch ausgesprochen störungsanfällig.

Beispiel

Eine Gruppe von vier rüstigen Seniorenpaaren verreist regelmäßig über Silvester zusammen nach Österreich. Nachdem von zwei Paaren jeweils ein Ehepartner verstorben ist, stellen die verbleibenden sechs älteren Menschen diese Reisen ein. Auf Nachfrage, warum sie denn jetzt nicht mehr zusammen verreisten, werden zunächst die zunehmende Beschwerlichkeit der Reise und auch die angeschlagene Gesundheit einzelner genannt. Schließlich sagt jedoch eine der älteren Damen: „Es stimmte einfach nicht mehr".

Formelle Gruppen hingegen unterliegen bestimmten ausdrücklich und meistens schriftlich formulierten Regeln; es gibt Eintritts- und Austrittsbestimmungen, definierte Hierarchien und Kommunikationswege. Zu diesen formellen Gruppen zählen beispielsweise Vereine, Parteien und Verbände; sie werden auch als formale Organisationen bezeichnet. In diesen formellen Gruppen sind unterschiedliche Rollen qua Amtsbezeichnung festgelegt; ebenso sind die Wege klar gezeichnet, auf denen man zu einem solchen Amt kommen kann (z. B. Wahl). Formelle Gruppen wie z. B. Vereine bedürfen weiterhin meistens einer bestimmten Anzahl an Mitgliedern, um beschlussfähig zu sein, und sie hören nicht einfach auf, sondern müssen im Rahmen eines formalen Rechtsaktes aufgelöst werden.

Die Unterteilung in *primäre und sekundäre Gruppen* folgt einer ähnlichen Logik. Preyer (2012) und König (2012) beziehen sich dabei beide auf C.H. Cooley (1956). Primäre Gruppen beruhen laut Cooley auf einem emotionalen Zusammenhalt, während sekundäre Gruppen sich zwecks einer bestimmten Zielerreichung zusammenschließen. In der Praxis sind primäre und sekundäre Gruppen oftmals nicht trennscharf auszumachen; eine Arbeitsgruppe von Studierenden trifft sich z.B. deshalb, weil sie sich emotional miteinander verbunden fühlen und den Austausch untereinander schätzen, aber auch weil sie miteinander ein gutes Arbeitsklima erzeugen und sich somit effektiv gemeinsam auf die anstehenden Prüfungen vorbereiten können.

Die *sich-selbst-bezeichnende Gruppe*, „erweitert … den Gruppenbegriff über die Kleingruppe hinaus durch eine kollektive Identifikation mit einem größeren Ausmaß" (Preyer 2012: 104), d.h. hiermit sind Gruppen gemeint, deren Mitglieder sich nicht unbedingt kennen, sich aber durch die Identifikation mit bestimmten Menschen oder Zugehörigkeitsempfinden zu bestimmten Orten oder Phänomenen miteinander verbunden fühlen. Dazu zählen Fangruppen oder Anhänger von Musikgruppen oder bestimmten Idolen, aber auch Menschen, die sich mit der Region, in der sie leben, identifizieren können. Die sich-selbst-bezeichnende Gruppe bietet Stoff für Witze und Parodien (z.B. Ostfriesen-Witze), aber natürlich auch die Grundlage für Stigmatisierungen (‚Zigeuner') und Idealisierungen (Kinder aus ‚gutem Haus').

Gruppe aus tiefenpsychologischer Perspektive

Tiefenpsychologisches bzw. psychoanalytisches Denken hat sich insofern in radikaler Weise in eine soziale Wissenschaft verwandelt, als dass nun überwiegend verstärkt in den Blick genommen wird, dass die psychische Entwicklung des Menschen nur in sozialen Beziehungen verläuft. Das bedeutet, dass die innerpsychische Entwicklung des Menschen, auf der traditionell der Fokus der tiefenpsychologischen Betrachtung liegt, nur im Kontext seiner sozialen Beziehungen gesehen werden kann; es wird in diesem Zusammenhang auch von Intersubjektivität in der Psychoanalyse gesprochen (vgl. Jaenicke 2006). In der analytischen Gruppe wird in der interpersonellen Beziehung das So-Sein der

Einzelnen widergespiegelt, d.h. der einzelne erfährt sich durch die verbalisierte Wahrnehmung seiner selbst durch andere. In der klassischen Gruppenanalyse stellt die Gruppe einen Möglichkeitsraum dar, in der die biografisch bedingten Bedürfnisse und Projektionen auf die der anderen und deren Reaktionen treffen. Mit Gruppengrenzen ist in diesem Zusammenhang immer wieder die Frage gemeint, was die Gruppe aushalten kann bzw. was ihre Grenzen sprengen würde (Mies 2006); die Gruppe ist nach tiefenpsychologischem Verständnis immer eine trianguläre und keine dyadische Situation. Um von einer solchen Gruppe profitieren zu können, müssen die Mitglieder über die triadische Fähigkeit verfügen, die sie idealerweise in der klassischen ersten Triade – bestehend aus der Konstellation Vater-Mutter-Kind – erwerben, wenn das Kind erstmals mit der Außenwahrnehmung seiner dyadischen Mutter-Kind-Beziehung konfrontiert wird.

> „Um von der Deutung eines Konflikts in einer Gruppe profitieren zu können, braucht es die ‚triadische' Fähigkeit, sich mit der Wahrnehmung eines anderen Menschen probeweise zu identifizieren und mit dessen Augen auf die eigenen Beziehungen zu anderen Menschen zu sehen. Diese Fähigkeit wird auch als ‚Mentalisieren' beschrieben" (Staats 2014: 254).

Die Fähigkeit zum Mentalisieren ist im Übrigen auch eine der zentralen Kompetenzen, die in der pädagogischen Arbeit mit Gruppen erlernt werden muss, um durch den kontinuierlichen Wechsel zwischen Perspektivübernahme und Eigenreflexion den Gruppenprozess gut begleiten zu können (s. auch Kap. 2).

In der triadischen Situation der Gruppe umgeht man nach tiefenpsychologischem Verständnis einen der menschlichen Kernkonflikte zwischen der Angst vor einem Objekt (Autonomiebestreben) und der Sehnsucht nach einem Objekt (Bindungssehnsucht). Darum ist ein wesentlicher Motor für die verstärkte Hingezogenheit und Orientierung von Adoleszenten zu ihren Peergroups ihr Bedürfnis, sich in ihren eigenen Bindungs- und Autonomiewünschen zu erforschen und zu behaupten, was sich in dualen Beziehungen oftmals als deutlich schwieriger erweist (vgl. Hirsch 2010). Die (Peer-)Gruppe erweist sich somit psychodynamisch als äußerst attraktiv und funktional für Heranwachsende.

Gruppe im systemischen Verständnis

Systemische Theorien stellen nicht die Person, sondern die Kommunikation zwischen Personen in den Vordergrund. Gruppen entstehen demnach auf der Basis sinnvoller Interaktionen und sind darin bedeutsamer als ihre einzelnen Mitglieder (vgl. Hesse 2006). Nach Manteufel und Schiepek (1998) sind Gruppen als sich selbst organisierende Systeme zu verstehen. Sie bilden sogenannte makroskopische soziale Muster aus, die aus bio-psychosozialen Mikroprozessen entstehen, d.h. die Interaktionen und Beziehungen zwischen den einzelnen Gruppenmitgliedern bilden eine Gruppenstruktur aus, die eine bestimmte Eigendynamik hat und gleichzeitig sehr störanfällig ist. Gruppen fungieren in ihrer Eigenlogik und können „zugleich als zu ihrer Umwelt hin offene Systeme verstanden werden" (ebd.: 72). Gruppen als soziale Systeme folgen der allgemeinen Logik sozialer Systeme, setzen eine ‚Innen-Außen-Differenz', reduzieren Komplexität, produzieren (Eigen-)Sinn und handeln ‚autopoietisch', d.h. eigensinnig. Wedekind und Blum (2010) sprechen insofern davon, dass Gruppenprozesse prinzipiell nicht vorhersagbar sind, weil die Verstärkung von oder auch die aversive Reaktion auf vermeintlich unbedeutende Geschehnisse zu bestimmten Zeitpunkten zu vollkommen neuen, unvorhersehbaren und unplanbaren Prozessen führen kann.

Gruppe im Verständnis der Verhaltenstheorie

In der Verhaltenstheorie werden Gruppen als zentrale Orte des Lernens verstanden, in denen Verhaltensweisen verstärkt oder modifiziert werden. Dabei spielen insbesondere das Feedback und das Lernen am Modell eine besondere Rolle. Auch das sogenannte ‚Verstärkerlernen', Stufenpläne, bei denen das Erreichen oder Nichterreichen eines Zieles mit Privilegien oder deren Entzug verbunden sind – etwa in einigen Einrichtungen mit dem Aufstieg in eine andere Gruppe oder der Degradierung –, wie auch generell Formen von Belohnungen (und Strafen) gehören hierzu.

In *verhaltenstherapeutischen* Gruppen werden oft Klient*innen zusammengefasst, die gleiche oder ähnliche Symptome aufweisen bzw. gleiche oder ähnliche Probleme haben (vgl. Angermaier 1994). Dazu gehören z.B. Raucher-Entwöhnungs-Trainings und diverse, zunehmend manualisierte Trainingsprogramme, die bestimmte Kompetenzen (z.B. Sozialkompetenzen oder Elternkompetenzen) stärken sollen. Weiterhin kann zwischen zielgeschlossenen und zieloffenen Gruppen unterschieden werden. Bei den zielgeschlossenen Gruppen geht es z.B. zunächst um eine Verhaltens- und Problemanalyse sämtlicher Gruppenmitglieder, die dann in ein gemeinsames Interventionsprogramm mit möglichst genauen Zielvereinbarungen mündet. Bei den zieloffenen Gruppen sind die Zielvereinbarungen individueller und berücksichtigen mehr die Eigenheiten der Teilnehmer*innen (vgl. Gerland 2006).

1.2 Merkmale von Gruppen aus sozialpsychologischer Perspektive

In diesem Kapitel gehen wir auf Ergebnisse der sozialpsychologischen Gruppenforschung ein und referieren einige Resultate dieser Forschung, die hilfreich sein können, um Gruppenprozesse zu verstehen und sich auf diese einzustellen. Wir werden auf typische Gruppenmerkmale und Eigenarten eingehen, die in der pädagogischen Arbeit mit Gruppen häufig auftreten und einen reflektierten Umgang von den Fachkräften verlangen. Dabei werden Phänomene wie Eigengruppenbevorzugung, Konformitätsdruck und die Übernahme typischer Rollen sozialpsychologisch dargestellt und erklärt.

1.2.1 Einstellungen und Vorurteile in Gruppen

Bereits Dreijährige fühlen sich weniger glücklich, wenn sie beispielsweise zu einer Gruppe gehören, die langsamer eine Aufgabe bewältigt als eine andere Gruppe; diese Tendenz bleibt bis zu

Neunjährigen erhalten; eine Ausnahme bilden fünfjährige Kinder – offensichtlich gibt es in der Entwicklung von Kindern einen Übergang zu einer sozialen Identität, bei dem die eigene Gruppe uneingeschränkt positiv bewertet wird, der sich in etwa um das fünfte Lebensjahr herum abspielt.

Es gehört zu den seltsamen Phänomenen, dass die der eigenen Person zugehörig empfundene Gruppe gegenüber einer anderen Gruppe bevorzugt wird. Ein gutes Beispiel ist die Klasseneinteilung in der Grundschule, die anderen aus der „a“ oder aus der „b“ sind in der Regel blöder als die Kinder aus der eigenen Klasse, wie es auch in den Kinderbüchern um die skurrile Englischlehrerin Miss Braitwhistle von Sabine Ludwig sehr schön zum Ausdruck kommt:

> „‚Wir haben es echt gut‘, hat Aki gesagt. ‚Die Schwachköpfe aus der 4b müssen mit der Sauermann einmal um den Schwarzen See laufen.‘ ‚Das dauert mindestens vier Stunden‘, hab ich gesagt. Und wir haben uns gefreut, denn wir können die 4b nicht leiden und Frau Sauermann erst recht nicht. Die 4b ist eine richtige Streberklasse und Frau Sauermann die strengste Lehrerin der ganzen Schule.“ (2012: 26).

In der Sozialpsychologie wird dieses Phänomen auch als Eigengruppenbevorzugung zur Stärkung des Selbstwertgefühls bezeichnet, indem man sich mit der eigenen Gruppe identifiziert und diese Gruppe als überlegen angesehen wird (vgl. exemplarisch Tajfel & Billig 1974, zit. nach Aronson, Wilson & Akert 2008: 431).

Einstellungen prägen unsere Beobachtungen, d.h. wir beobachten nicht objektiv. Einstellungen beziehen sich auf Bewertungen von Menschen, Gegenständen oder Ideen (Ajzen 2001; Petty et al. 2005, zit. nach Aronson, Wilson & Akert 2008: 194). Einstellungen bestehen aus drei Komponenten:

1. *Einer affektiven Komponente:* Diese beschreibt die emotionale Reaktion auf das Einstellungsobjekt. Diese emotionale Reaktion beruht nicht auf der Prüfung von Fakten, sondern z.B. auf dem persönlichen Wertesystem, auf religiösen oder mora-

lischen Glaubenssätzen. Sie sind oft durch biografische Erfahrungen geprägt und in der Regel nicht durch Logik bestimmt, sondern es handelt sich um Vorurteile.
Beispiel: Mir sind Frauen als Erzieherinnen in Kindertagesstätten sympathischer als Männer, da ich als Kind auch nur Erzieherinnen hatte.

2. *Der kognitiven Komponente:* Diese meint die Gedanken und Überzeugungen, die das Einstellungsobjekt betreffen. Die kognitive Komponente beruht auf bewusst getroffenen Annahmen.
   Beispiel: Frauen können besser mit Kindern umgehen als Männer, weil sie die einfühlsameren Menschen sind. Es handelt sich um Stereotype (s. w. u.).
3. *Einer Verhaltenskomponente:* Damit ist das beobachtbare Verhalten in Bezug auf das Einstellungsobjekt gemeint.
   Beispiel: Als Leiterin eines Kindergartens stelle ich vorzugsweise Frauen ein. Damit diskriminiere ich zugleich andersgeschlechtliche Personen (s. w. u.)

Man unterscheidet explizite und implizite Einstellungen: Explizite Einstellungen sind bewusst und können problemlos verbalisiert werden. Implizite Einstellungen sind unwillkürliche, unkontrollierbare und manchmal unbewusste Bewertungen. Der Begriff des *Vorurteils* bezieht sich auf die affektive Komponente von Einstellungen. Vorurteile können zwar prinzipiell positive und negative Aspekte erfassen, im Allgemeinen aber werden mit Vorurteilen negative oder feindselige Einstellungen gegenüber Menschen einer bestimmten Gruppe definiert, die nur auf ihrer bloßen Mitgliedschaft in dieser Gruppe basieren. Es ist nahezu unmöglich, keine Vorurteile zu haben; insofern besteht eine wesentliche Aufgabe für Fachkräfte im psychosozialen Bereich darin, eigene Werte, Normen und Vorurteile zu reflektieren und im Rahmen ihres professionellen Handelns eine Distanz zu ihnen zu entwickeln.

Übungsvorschlag
Überlegen Sie sich eine Gruppe von Menschen (z. B. Frauen, Männer, Blondinen, Homosexuelle, Wessis/Ossis), zu denen ihnen spontan mehrere positive oder negative Zuschreibungen einfallen. Schreiben Sie diese möglichst ohne viel Nachzudenken auf!

Der Begriff *Stereotyp* bezieht sich auf die kognitive Komponente von Einstellungen. Lippmann prägte diesen Begriff 1922 und definierte ihn als „die kleinen Bilder, die wir in unserem Kopf herumtragen" (Lippmann 1922, zit. nach Aronson, Wilson & Akert 2008: 424). Stereotype beschreiben eine generalisierte Sichtweise auf quasi alle Mitglieder einer Gruppe. Den Gruppenmitgliedern werden identische Eigenschaften zugeschrieben, ohne dass Variationen unter den Mitgliedern wahrgenommen werden. Stereotype dienen den außenstehenden Beobachter*innen dazu, die soziale Umgebung übersichtlicher und einfacher zu gestalten und sind in der Regel relativ resistent gegenüber Veränderungen aufgrund neuer Informationen. Stereotype reflektieren kulturelle Annahmen und sind besonders gut bei Beschreibungen von Geschlechtsunterschieden zu erkennen; z. B. in den Aussagen, Männer seien machtgieriger oder Frauen seien emotionaler.

Der Begriff der *Diskriminierung* bezieht sich auf die Verhaltenskomponente der Einstellung und meint eine negative und/oder schädliche Handlung gegenüber einem Mitglied einer Gruppe aufgrund seiner bloßen Zugehörigkeit zu dieser Gruppe (vgl. Aronson, Wilson & Akert 2008: 427), z. B. weil es einer Minderheit angehört, einem anderen Fan-Club usw.

Gruppen entwickeln in der Regel implizite und/oder explizite *soziale Normen.* Diese sind wirkungsvolle Determinanten des Verhaltens, was sich auch an den Konsequenzen und Sanktionen zeigt, wenn diese Normen verletzt werden: Menschen, die die Gruppennormen bewusst – indem sie z. B. Gruppenregeln bewusst übertreten – oder unbewusst verletzen – indem sie z. B. von der Gruppe als „anders" wahrgenommen werden –, werden meistens mit (Kontakt-)Vermeidung oder mit Ausschluss bestraft, es sei denn sie haben eine so starke Position in der Gruppe, dass es ihnen gelingt, durch ihr abweichendes Verhalten die herrschenden Gruppennormen zu modifizieren. In der Regel aber wird die Verletzung der Gruppennormen „bestraft“. Es folgen Ausschluss, Gemieden-Werden etc. Wie groß der Einfluss der jeweiligen Normen ist, zeigt sich am Umfang der Sanktionen, wenn gegen sie verstoßen wird.

Beispiel

Ein gutes Beispiel dafür, wie bereits eine wahrgenommene Andersartigkeit von Personen durch eine Gruppe zunächst Vorurteile und dann Ausgrenzungsphantasien bis hin zu realer Vernichtung verursachen kann, beschreibt das Lied des österreichischen und jüdischen Liedermachers Georg Kreisler, der 1938 vor den Nazis in die USA emigrierte:

Die Dame nebenan ist eine Hexe
Drum kommt sie kaum heraus
Sie malt am Abend kleine weiße Kleckse
Die wir nicht sehen, vors Haus
…
Die Dame nebenan, hab' ich erfahren
Die stammt auch nicht von hier
Sie ist schon da seit ziemlich vielen Jahren
Doch die ist nicht wie wir

Sie sieht zwar aus wie and're alte Frauen
Doch die ist schlau, drum darf man ihr nicht trauen
Sie lebt nach außen grad' so wie wir alle
Doch stellt sie uns damit nur eine Falle
Denn die denkt nur daran
Wie sie uns täuschen kann
…
Die Hexe nebenan darf hier nicht bleiben
So kann's nicht weitergeh'n
Es ist bestimmt nicht leicht, sie zu vertreiben
Und doch, es muss gescheh'n

Von jetzt an kehr'n wir alle ihr den Rücken
Und spucken aus, sobald wir sie erblicken
Und schicken ihr ein anonymes Schreiben

Und schmeißen ein paar Steine durch die Scheiben
So lang, bis sie versteht
Wir wollen, dass sie geht
...

In diesem Lied wird deutlich, wie sehr eine wahrgenommene Andersartigkeit ängstigen und dadurch enorme Aggressionen wecken kann, die dann über die gegenseitige Rückversicherung in der (Eigen-)Gruppe ungehemmt ausagiert werden können.

Vorurteile sind wie bereits erwähnt ein allgegenwärtiges soziales Phänomen; es sind nicht nur Einzelne oder Minderheiten, sondern sämtliche soziale Gruppen betroffen. Vorurteile sind auch ein Resultat einer grundlegenden Tendenz des Menschen, Informationen in ein „wir gegen sie" zu kategorisieren und in In-Group und Out-Group zu differenzieren, was erhebliche Folgen hat.

Opfer negativer Vorurteile haben beispielsweise eine geringere Selbstachtung. Ein gutes Beispiel dafür ist das klassische Experiment von Clark und Clark (1947), das diese mit afroamerikanischen Kindern durchführten. Diese entschieden sich, lieber mit weißen als mit schwarzen Puppen zu spielen, und äußerten, dass die weißen Puppen hübscher und allgemein den schwarzen überlegen seien (Clark & Clark 1947, zit. nach Aronson, Wilson & Akert 2008: 423). In ähnlicher Weise lässt sich das Phänomen der Besorgnis von Minderheiten verstehen, dass ihr Verhalten ein kulturelles Stereotyp bestätigen könnte:

„So haben die meisten Afroamerikaner, wenn sie sich in Prüfungssituationen befinden, Angst davor, das negative kulturelle Stereotyp von der ‚intellektuellen Unterlegenheit' zu bestätigen. Ihre Befürchtung lautet: ‚Wenn ich bei diesem Test schlecht abschneide, wird das ein schlechtes Licht auf mich und meine Rasse werfen.' Diese zusätzliche Belastung beeinträchtigt ihre Fähigkeit, in derlei Situationen gute Leistungen zu bringen" (Aronson, Wilson & Akert 2008: 442).

Insgesamt sind implizite, wenig bewusste und sehr emotional gefärbte im Gegensatz zu expliziten und kognitiv begründeten Einstellungen bei Einzelnen und bei Gruppen deutlich schlechter veränderbar. Aronson, Wilson und Akert weisen auf die gesellschaftlich bedingten Veränderungen von Vorurteilen hin und sprechen von sog. modernen Vorurteilen (2008: 451). Damit ist gemeint, dass offene Vorurteile weniger tolerabel sind, und es gilt, sich vorurteilsfrei zu artikulieren, was aber nicht heißt, dass die Vorurteile nicht mehr existieren. Als Beispiel kann gelten, dass viele deutsche Eltern aus der Mittel- und Oberschicht viel dafür tun, ihre Kinder nicht auf Schulen mit hohem Migrationsanteil zu bringen, obwohl „man nichts gegen Ausländer hat".

Wie können nun Vorurteile zwischen Gruppen abgebaut werden? Von Gordon Allport, einem der berühmtesten Sozialpsychologen, stammt die Kontakthypothese: Nicht alle Arten von Kontakt bauen demnach Vorurteile ab, sondern nur gleichrangige Kontakte, in denen ein gemeinsames Ziel verfolgt wird (Allport 1954, zit. nach Aronson, Wilson & Akert 2008: 454). Eine weitere Theorie, die des realistischen Gruppenkonflikts (vgl. Sherif 1966, zit. nach ebd.: 447), besagt, dass begrenzte Ressourcen zu Konflikten zwischen Gruppen führen und in vermehrte Vorurteile und in Diskriminierung münden (z. B. Landesstreitigkeiten zwischen Arabern und Israelis) und dass (der wirtschaftliche) Wettbewerb die Entstehung von Vorurteilen unterstützt. Dazu soll an dieser Stelle das klassische Experiment von Sherif et al. (1961, zit. nach Aronson, Wilson & Akert 2008: 454) zum Gruppenkonflikt erwähnt werden:

Experiment

In einem Pfadfinderlager wurden zwei Gruppen eingeteilt. Zunächst wurden die Gruppenzugehörigkeit und der Gruppenzusammenhalt durch angenehme gemeinsame Aufgaben und Aktivitäten gestärkt. Dann wurde die Konkurrenz zwischen den beiden Gruppen durch eine Reihe kompetitiver Spiele und durch die Verringerung von Ressourcen verstärkt, was die Entstehung von heftiger Feindseligkeit zur Folge hatte. Interessanterweise verschwand die Feindseligkeit nicht, als man die Wettbewerbssituation beendete. Es wurden sechs Bedingungen gefunden, die erfüllt sein müssen, um Vorurteile zwischen Gruppen reduzieren zu können (vgl. auch Aronson, Wilson & Akert 2008: 454 f.):

1. Die Gruppen müssen voneinander abhängig sein und es besteht die Notwendigkeit, sich aufeinander zu verlassen.
2. Es muss ein gemeinsames Ziel geben, das von einer Gruppe allein nicht erreicht werden kann.
3. Die Gruppen müssen an Status und Macht gleichgestellt sein.
4. Es braucht eine freundlich-informelle Umgebung, in der aber nicht die Möglichkeit besteht, dass die beiden Gruppen getrennt bleiben.
5. Die einzelnen Mitglieder haben durch freundlich informelle Kontakte mit unterschiedlichen Mitgliedern der Fremdgruppe die Gelegenheit, ihre ursprünglichen Annahmen über die Fremdgruppe aufzuheben.
6. Es existieren soziale Normen oder es werden solche von Führungspersonen geschaffen, die die Gleichheit zwischen Gruppen unterstützen und fördern.

An diesem Experiment und diesen Erkenntnissen wird sehr deutlich, wie komplex und anspruchsvoll die Aufgabe für professionelle Fachkräfte im psychosozialen Bereich ist, z. B. ‚verfeindeten' Jugendgruppen zu einem konstruktiveren Umgang miteinander zu verhelfen.

1.2.2 Gruppendruck und Konformität

Die Gedanken ‚Was sollen denn bloß die anderen denken?' oder ‚Ist mir doch egal, was die anderen denken' oder einfach nur ‚Was denken jetzt wohl die anderen, wenn ich das jetzt tue oder das sage?' werden niemandem fremd sein und von jedem in irgendeiner Form schon einmal gedacht worden sein. Solche Gedanken haben etwas mit den bereits beschriebenen sozialen Regeln oder herrschenden Normen in einer Gruppe zu tun. Die Verletzung dieser Regeln kann Verlegenheit, Peinlichkeit und Schamempfinden auslösen und diese tragen maßgeblich dazu bei, sich konform verhalten zu wollen. Marks (2011) differenziert in diesem Zusammenhang u. a. zwischen Anpassungsscham und Gruppenscham. Anpassungsscham ist nach außen gerichtet und wird beispielsweise durch Verletzung geltender Höflichkeitsregel, empfundenem Bildungs- oder Kompetenzmangel, sozialer Schwäche oder durch als unpassend erlebte Gefühle ausgelöst. Gruppenscham oder das sogenannte Fremdschämen kann durch die Zugehörigkeit zu einer Gruppe ausgelöst werden, für die man sich schämt (Jugendliche schämen sich z. B. für ihre peinlichen Eltern). Der Wunsch, Scham- und Peinlichkeitsgefühle zu vermeiden, kann zu starkem Konformitätsdruck führen. Konformität bewirkt dann möglicherweise eine Veränderung des Verhaltens aufgrund des realen oder vorgestellten Einflusses anderer Menschen.

Experiment

Ein beeindruckendes Beispiel für Konformitätsdruck ist das Linienexperiment von Salomon Asch (1955), in dem Probanden aufgefordert wurden, die Länge von Linien zu vergleichen. Bestandteil dieses Experimentes war eine Reihe von eingeweihten Helfern, die Probanden spielten und bewusst falsche Antworten gaben. Obgleich in diesem Experiment grafisch eindeutig dargestellt war, welche Linien sich in ihrer Länge ähnelten und welche nicht, verhielten sich die ‚echten' Probanden bei einem Drittel der Versuchsdurchgänge konform und gaben falsche Antworten (vgl. Aronson, Wilson & Akert 2008: 243; Asch 1955: 32). Die Höhe des Konformitätsdrucks hängt von drei Faktoren ab:

1. Als wie wichtig wird die Gruppe erachtet?
2. Wie nahe ist die Gruppe räumlich und zeitlich während des Einflussversuches?
3. Wie hoch ist die Anzahl der Menschen in der Gruppe?

Das Phänomen der Konformität nimmt u. a. dann zu, wenn der Gruppe mehr als drei Menschen angehören, die Gruppe sich einig ist und man den Status und die Attraktivität der Gruppe als hoch einschätzt (Myers 2008: 646). Besonders hoch ist der Konformitätsdruck in hoch kohäsiven gruppenorientierten Kulturen wie z. B. in Japan. Ein gutes Beispiel dafür ist, dass viele der Einwohner Tokios nach dem Super-GAU des Atomkraftwerks Fukushima auch im Falle einer drohenden radioaktiven Belastung ihrer Stadt angaben, Tokio unter keinen Umständen verlassen zu wollen, weil man seine Stadt nicht im Stich lasse.

Weiterhin wird zwischen normativem und informativem sozialen Einfluss auf den Druck, sich konform zu verhalten, unterschieden. Normativer Einfluss ist das Bedürfnis, akzeptiert zu werden und Schamgefühle zu vermeiden. Unter informativem sozialen Einfluss versteht man hingegen das Bedürfnis, zu wissen, was „richtig" ist, und sich an dem Verhalten anderer Menschen zu orientieren, insbesondere dann, wenn äußere Situationen extrem mehrdeutig oder krisenhaft sind, wie z. B. nach dem Zusammenbruch der Investmentbank Lehman Brothers und der dadurch ausgelösten weltweiten Finanzkrise, als durch Bilder und Berichte über zahlreiche Kontobesitzer, die ihr Geld abhoben, immer mehr Menschen versuchten, ihr Geld in Sicherheit zu bringen und dadurch die Krise noch beschleunigt wurde.

Übungsvorschlag
Bitte überlegen Sie sich eine Gruppe, der Sie sich aktuell zugehörig fühlen.

- Welche impliziten und expliziten Regeln und Normen gibt es in dieser Gruppe?
- Was geschieht, wenn sich ein Mitglied zu diesen Regeln und Normen nicht konform verhält?
- Welche Befürchtungen haben Sie, wenn Sie sich nicht konform verhalten würden?

1.2.3 Leistungsbereitschaft in Gruppen und das Phänomen der Deindividuation

Die Bewältigung von Aufgaben wird von der Anwesenheit anderer Menschen beeinflusst. Die Gegenwart anderer Menschen steigert die Aufgabenbewältigung von einfachen, gut gelernten Aufgaben und fällt bei schwierigeren Aufgaben ab. Das Phänomen stärkerer Leistung in Gegenwart von anderen wird auch als soziale Erleichterung bezeichnet (vgl. Aronson, Wilson & Akert 2008: 280ff.). Dies trifft allerdings nur dann zu, wenn die Aufgaben relativ leicht sind, bzw. dann, wenn man die Anwesenheit anderer als energetisierend empfindet, so z. B. bei öffentlichen Auftritten. Bei schwierigen Aufgaben wirkt sich die Anwesenheit anderer Menschen eher hemmend aus. Viele kennen z. B. aus der Schule die Situation, dass sie einmal bei einer schwierigen Aufgabe an die Tafel geholt wurden und vor der Klasse ihnen auch solche Dinge nicht mehr einfielen, die ihnen zuvor geläufig waren.

Um vorhersagen zu können, ob die Anwesenheit anderer die Leistung schmälert oder stärkt, geht es neben der Schwierigkeit der Aufgabe um die Messbarkeit der Einzelleistung. Bei Routineaufgaben erbringen Menschen in einer Gruppe schlechtere Leistungen, wenn die Leistungen innerhalb der Gruppe nicht individuell beurteilt werden können; dieses Phänomen wird auch als soziales Faulenzen bezeichnet. Eine individuelle entspannte Haltung bei Leistungsanforderungen an die Gruppe führt also bei der Ausführung von leichten Aufgaben zu deutlich schlechteren Ergebnissen, als wenn diese allein gelöst werden müssen. Wenn ein Gruppenmitglied das Gefühl hat, dass die eigenen Beiträge verzichtbar sind bzw. den Ertrag nicht deutlich steigern, setzt in der Regel eine gewisse Schonhaltung ein. Bei anspruchsvollen Aufgaben an eine Gruppe ist allerdings eine entspannte Haltung deutlich leistungssteigernd.

Ein weiterer Faktor ist die *Gruppenkohäsion* bzw. der Gruppenzusammenhalt. Einerseits verbessert sich die Leistung, wenn es sich bei der Aufgabenstellung um etwas handelt, das die enge Zusammenarbeit unter den Gruppenmitgliedern nötig erscheinen lässt, wie z. B. bei Mannschaftssportarten. Andererseits kann der Gruppenzusammenhalt auch einer optimalen Leistung im Wege stehen, wenn gute Beziehungen unter den Gruppenmitgliedern einen höheren Stellenwert einnehmen als das Finden guter Lösungsstrategien für ein bestimmtes Problem, also z. B., dass ein Fußballspieler den Ball in aussichtsreicher Situation an einen schlechter postierten Mitspieler abspielt, anstatt alleine zu versuchen, ein Tor zu erzielen.

Insgesamt fühlen sich Menschen als Teil einer Gruppe weniger für ihr individuelles Handeln verantwortlich. Dieses Phänomen wird auch als *Deindividuation* bezeichnet und tritt dann ein, wenn Menschen wegen ihrer Gruppenzugehörigkeit Erregung empfinden und gleichzeitig das Gefühl haben, anonym zu sein. Deindividuation ist beispielsweise häufig bei Gewaltexzessen zwischen verschiedenen Fangruppen oder auch im Cyberspace zu beobachten. Das Phänomen der Deindividuation kann auch dazu führen, dass z. B. bei anstehenden Entscheidungen weniger Alternativen geprüft werden, Informationen nur sehr selektiv gesammelt werden und es einen verstärkten Druck in Richtung auf einhellige Entscheidung gibt, was zur Zurückhaltung von Kritik und zu einer kollektiven Rationalisierung von getroffenen Entscheidungen führt (Myers 2008: 652 ff.). Bei Fehleranalysen in Kinderschutzfällen traten beispielsweise exakt diese Phänomene auf (vgl. z. B. Körner & Deegener 2011).

Ein ähnliches Phänomen wie das der Deindividuation ist der sog. *Bystander-Effekt.* Er beschreibt das Phänomen, dass sich beobachtende Menschen in Notsituationen eher nicht zum Helfen aufgerufen fühlen, wenn andere dies auch nicht tun.

Beispiel

1964 wurde in New York im Stadtteil Queens die 28-jährige Catherine Genovese nachts in ihrer Wohnung ermordet; ihre Schreie weckten mehrere Nachbarn auf, die aber die Polizei erst dann informierten, als es bereits zu spät war. Die beiden Sozialpsychologen und Wissenschaftler Bibb Latané und John M. Darley suchten ausgehend von diesem Mordfall nach anderen Erklärungen als Apathie, großstädtischer Anonymität und Gleichgültigkeit für das Phänomen der Passivität der Beobachter. Sie formulierten die Hypothese, dass die Wahrscheinlichkeit, in Notsituationen Hilfe zu leisten, mit der Anzahl der anwesenden Personen abnimmt. Laut Latané und Darley fühlen sich Menschen, wenn sie eine Notfallsituation beobachten und registrieren, dass dieses auch noch andere tun, weniger verantwortlich dafür, selbst dem Opfer zu helfen (Latané & Darley 1970).

Der Bystander-Effekt: Je größer die Anzahl der Zuschauer, die einen Notfall beobachten, desto weniger wahrscheinlich ist es, dass jemand dem Opfer hilft. Latané und Darley beschrieben darüber hinaus zwei mit dem Bystander-Effekt zusammenhängende Phänomene:

1. *Das Phänomen der pluralistischen Ignoranz:* Dieses beschreibt den Umstand, dass die Beobachter eines Notfalls oder eines gewalttätigen Übergriffs davon ausgehen, dass alles in Ordnung und kein Eingreifen erforderlich ist, weil keiner der Umstehenden sich besorgt zeigt oder eingreift.
2. *Das Phänomen der Verantwortungsdiffusion:* Das Verantwortungsgefühl für Hilfeleistungen nimmt ab, je mehr Zeug*innen es gibt. Dieses Phänomen wird häufig bei Gaffern bei Verkehrsunfällen beobachtet. Viele Menschen schauen zu, ohne dass die notwendige Hilfe geleistet wird, weil die anderen es auch nicht tun.

Als ein aktuelles Beispiel hinsichtlich praktischer Konsequenzen, die aus dem Wissen um den Bystander-Effekt erwachsen, kann das Göttinger Zivilcourage-Impulstraining gelten, das im Jahr 2000 von Boos et al. angesichts der zunehmenden Übergriffe auf Menschen mit Migrationshintergrund in Deutschland vor dem Hintergrund der Erkenntnisse von Latané und Darley entwickelt wurde. Dieses Training zielt auf Gewaltprävention ab, soll helfen, für die Barrieren zu sensibilisieren, und zum aktiven Eingreifen bei beobachteter Gewalt motivieren. Zunächst sollen die Teilnehmer*innen sich affektiv über ihr eigenes Verhalten in Bedrohungs- und Gewaltsituationen bewusst werden, bevor sie potenzielle Notfallsituationen analysieren und als solche wahrzunehmen üben, und im Anschluss daran sehr konkret Stimmübungen (z.B. laut schreien) sowie verbale und körperliche Verteidigungsmöglichkeiten durchführen (vgl. auch Arnold 2010).

1.3 Gruppen als Lernfeld

In diesem Abschnitt wollen wir Gruppen als zentrales Lernfeld beschreiben und dabei den Fokus nicht auf explizite und planmäßige pädagogische Interventionen in Gruppen setzen, sondern auf Gruppen als selbstverständliches Sozialisationsfeld: In einer Gruppe wird gelernt, unabhängig davon, ob dies von einer Institution offiziell beabsichtigt wird, durch Strukturen erzeugt (heimlicher Lehrplan) oder gänzlich ungeplant stattfindet. Das Wissen um das, was auch ohne pädagogische Absicht in Gruppen gelernt wird, ist eine Voraussetzung für die gezielte Beobachtung von Gruppen und für eine pädagogische Strukturierung der Gruppe als Lernfeld.

Im Verlaufe des Lebens treten die Menschen in verschiedene Gruppen ein: In die eine – die Familie – werden sie hineingeboren, anderen – der Schulklasse zum Beispiel – werden sie formal zugeordnet, wiederum andere – ihren Freundeskreis – suchen sie sich selbst aus. In jeder dieser Gruppen werden sie – mehr oder weniger offen und verbindlich – mit Erwartungen der anderen Gruppenmitglieder und/oder der Gruppenleiter*innen konfrontiert, mit denen sie sich auseinandersetzen müssen, um erfolgreich eigene Bedürfnisse zu befriedigen und eigene Ziele innerhalb der jeweiligen Gruppe zu erreichen. Herausfordernd ist es nicht nur, in eine neue oder neuartige Gruppe zu kommen, sondern immer wieder auch eine neue Rolle in einer Gruppe einzunehmen. Nicht nur der Säugling lernt von den Eltern, sondern die Eltern lernen in der Interaktion mit dem Kind, wie sie Vater und Mutter sein können, was ihnen an der Mutterrolle/Vaterrolle leicht- oder schwerfällt, sie erfahren eigene Grenzen, die sie bisher noch nicht kannten, ebenso wie eigene Potenziale, von denen sie bisher noch nichts wussten. Unter Umständen setzt sich dies fort, wenn man als Elternteil zum Elternvertreter gewählt wird oder aber zu einem Problemgespräch von der Klassenlehrer*in eingeladen wird. Zugehörigkeit zu neuen Gruppen ist mit der Konfrontation mit neuen, bisher nicht gekannten Erwartungen verbunden und macht Lernen notwendig. Andererseits baut das Lernen auf den vorangegangenen Gruppenerfahrungen auf. Je ähnlicher eine Gruppe in ihrer Struktur, in ihrer Art zu interagieren und in ihren Zielen einer bekannten Gruppe ist, umso leichter und besser kann man sich orientieren und als neues Mitglied zurechtfinden.

Übung
Versuchen Sie einmal, sich zu erinnern, als sie neu in eine heute für Sie wichtige Gruppe kamen, z. B. in die Gruppe der Studierenden oder in die Gruppe der Mitarbeiter*innen Ihrer Einrichtung. Was mussten Sie neu lernen, um zurechtzukommen, und auf welche Vorerfahrungen konnten sie aufbauen? Erinnern Sie sich an Fettnäpfchen, in die Sie getreten sind, an Fehler, die Sie erst hinterher bemerkt haben, nachdem Sie die Gruppe besser kannten?

Oben wurde es bereits mehrfach erwähnt, dass Gruppen – Primärgruppen und Peergruppen – der Ort sind, an denen Menschen Rückmeldungen über sich und ihr Verhalten erhalten, hier erfahren sie, wie sie wahrgenommen werden. Gruppen sind der Ort, an dem sie sich mit anderen vergleichen können, an dem sie sich von ihnen abgrenzen oder denen nacheifern können. Der soziale Vergleich ist ein zentraler Prozess in der Peerinteraktion, der vor allem zwei Funktionen hat (vgl. z. B. Hollenstein 2007):

1. Normorientierung: Wie soll man sich verhalten?
2. Selbstbewertung und -einschätzung: Wie gut ist man bei der Erfüllung bestimmter Aufgaben?

Kinder und Jugendliche finden in der Interaktion in der Gruppe positive Modelle, denen sie nacheifern können, und negative Modelle, von denen sie sich abgrenzen können (vgl. Bandura 1979). So lernen sie von erfolgreichen anderen Gruppenmitgliedern, aber auch von den Misserfolgen anderer. Sie lernen es mit der Zeit, Rückmeldungen zu antizipieren, sich also auf diese einstellen zu können und ihr eigenes Auftreten und Verhalten auf der Grundlage vorweggenommener Fremdwahrnehmung zu überprüfen und ggf. zu verändern. In diesem Zusammenhang lernen sie, eigene Bedürfnisse wahrzunehmen und die der anderen. Sie machen die Erfahrung, dass ein anderer etwas Ähnliches will wie sie selbst, etwa eine führende Position in der Gruppe. Hier können sie lernen, Spannungen, Konkurrenz und Konflikte auszuhalten, dabei Strategien zu entwickeln, mit denen sie sich durchsetzen oder Kompromisse finden können, sie können lernen, Niederlagen zu akzeptieren und Ziele zu verändern. Sie machen Erfahrungen, was passiert, wenn sie viel oder nur wenig von sich preisgeben, welche Strategien sich bewähren, welche scheitern, sie lernen im günstigen Fall dabei, die Perspektive der anderen einzunehmen und deren Verhalten aus deren Blickwinkel wahrzunehmen. Gruppen sind also der Ort grundlegenden sozialen Lernens.

Nicht jeder kann zu jeder Gruppe dazugehören. Neben formellen Barrieren – wie zum Beispiel das passende Alter zum Eintritt in die Schule oder die Erfüllung des Numerus Clausus, um zur Gruppe der Studierenden eines bestimmten Faches dazuzugehören – gibt es eine Reihe möglicher Barrieren, die den Zugang zu Gruppen erschweren. In einigen Fällen ist die Möglichkeit der Zugehörigkeit zu einer Gruppe an einen bestimmten sozialen Status geknüpft, in anderen Fällen hängt sie von finanziellen Ressourcen ab, wie etwa die Mitgliedschaft in einem bestimmten Golfclub. Die Möglichkeit der Integration in andere Gruppen hängt von spezifischen Fähigkeiten ab, für die Mitgliedschaft in einer Fußballmannschaft in einer bestimmten Spielklasse muss man über spezifische Fähigkeiten verfügen. Wieder andere Gruppen setzten das erfolgreiche Absolvieren einer Mutprobe für die Aufnahme neuer Mitglieder voraus.

Ulrich Beck und Elisabeth Beck-Gernsheim (1994) beschreiben als eine Folge der Modernisierung der Gesellschaft, dass Zugehörigkeiten zu Gruppen in westlich geprägten Gesellschaften immer weniger vorab festgelegt, also mit Geburt bestimmt sind, sondern durch eigene Anstrengung erworben werden müssen. Menschen sind nicht mehr die, als die sie geboren werden, sondern sie sind das, was sie aus sich machen, wie sie sich inszenieren, darstellen und welche Kompetenzen sie dafür haben. Dies bedeutet, dass es immer stärker darauf ankommt, Fähigkeiten zu entwickeln, mit denen man Anerkennung findet, also durch Bildung die Möglichkeiten des Zugangs zu Gruppen zu erwerben.

Die Zugehörigkeit zu bestimmten Gruppen wird zum Teil offen „zur Schau gestellt“, etwa durch Kleidung in Vereinsfarben, durch spezifische Begrüßungsrituale, durch besondere Frisuren, Outfit und Ausstattung, durch lautes öffentliches Abspielen spezifischer Musik. Auf der anderen Seite gibt es Gruppen, in denen es erwartet wird, dass man sich nicht öffentlich als Gruppenangehöriger darstellt und vor allem andere Gruppenmitglieder nicht benennt. Dies gilt zum Beispiel für Logen oder Gruppen anonymer Alkoholiker.

Von der einzelnen Person wird in der Moderne erwartet, dass sie die Unterschiedlichkeit der Gruppen, denen sie angehört, in ihrer Identität ausbalanciert, d.h. die unterschiedlichen und manchmal sich widersprechenden Erwartungen, mit denen sie aufgrund der Gruppenzugehörigkeit konfrontiert wird, aushält und – wenigstens für sich selbst – in Einklang bringt. Dies ist etwa in der Jugendzeit oft nicht einfach, wenn z.B. eine Jugendliche oder ein Jugendlicher mit ihrer/seiner Clique unvermutet den eigenen, in diesem Kontext ‚peinlichen' Eltern begegnet. Manche Gruppenzugehörigkeiten schließen sich aber auch formell oder faktisch gegenseitig aus: So wird man i.d.R. kein formelles Mitglied verschiedener politischer Parteien sein, nur schwerlich gleichzeitig einem Fanclub von Bayern München und einem von Borussia Dortmund angehören oder dem Arbeitgeberverband und einer Gewerkschaft.

1.4 Gruppenzugehörigkeiten im Lebenslauf

Einige der Gruppen, zu denen Menschen im Verlaufe ihres Lebens gehören, beziehen sich ausdrücklich auf bestimmte Phasen des Lebenslaufes und sind zeitlich formell befristet (Kindergartengruppe oder Schulklasse z.B., aber auch später Schwangerschaftsgymnastik, Seniorengruppe), andere spielen im gesamten Lebenslauf eine Rolle, verändern sich aber in ihrer Zusammensetzung wie z.B. die Familie oder der Verwandtschaftskreis. Die meisten Menschen gehören gleichzeitig und ohne, dass dies zu Konflikten führt, mehreren Gruppen an, so wie man unterschiedliche Bedürfnisse und Interessen verfolgen kann, ohne dass diese in Widerstreit zueinander geraten.

Der Wunsch nach Zugehörigkeit zu und nach Anerkennung durch Gruppen kann als grundlegendes Bedürfnis des Menschen beschrieben werden und zugleich als Voraussetzung gelingender Entwicklung des Kindes. Der Sozialpsychologe Abraham Maslow (Maslow 1981) beschrieb menschliche Grundbedürfnisse in der Form einer Hierarchie. (Wir lassen hier außer Acht, dass dieses Modell heute unter Motivationspsycholog*innen als zu wenig differenziert gilt, da es für unsere Fragestellung völlig ausreicht.) Diese grafisch oft als Bedürfnispyramide, als die sie auch heute noch häufig zitiert wird, dargestellte Hierarchie lässt sich so verstehen, dass die Befriedigung der Bedürfnisse auf grundlegenderer Ebene die Voraussetzung dafür ist, die Bedürfnisse auf höherer Ebene zu verfolgen. Die angeführten Bedürfnisse sind bei den Menschen stets vorhanden, aber die höheren Bedürfnisse, die in der humanistischen Psychologie oft Wachstumsbedürfnisse genannt werden (Bedürfnisse, sich weiterzuentwickeln, sich zu verwirklichen), geraten eher in den Hintergrund, wenn der Mensch nicht satt, warm, trocken und sicher ist (physiologisches Bedürfnis).

Abb. 1

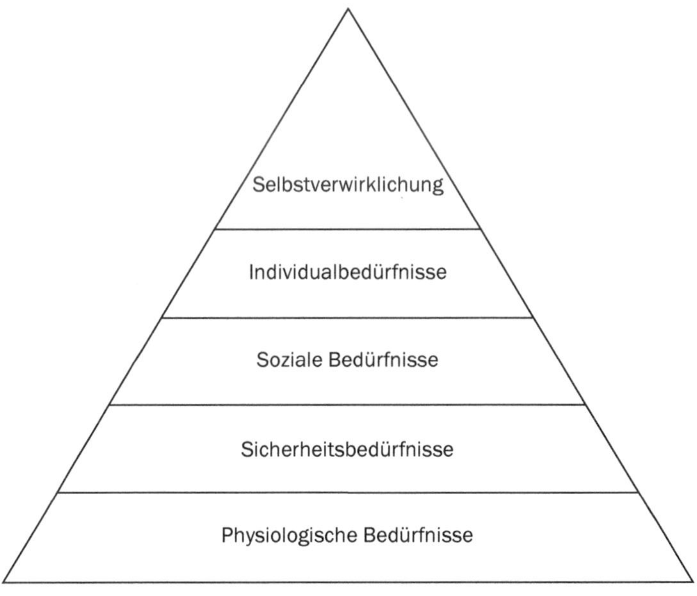

Vor dem Hintergrund dieser Vorstellung einer Hierarchie von Bedürfnissen lässt sich nachvollziehen, warum unterschiedliche Gruppen sowohl in bestimmten Lebensphasen wie auch in bestimmten Situationen für die Menschen unterschiedliche Bedeutung haben. Denn welche Gruppen für einen Menschen aktuell zentral wichtig sind, hängt sowohl von seinen aktuellen Bedürfnissen wie auch von seinen altersbedingten Chancen ab, seine grundlegenden Bedürfnisse durch eigene Anstrengungen zu befriedigen. Die Chancen zur Kontrolle der eigenen Bedürfnisbefriedigung verändern sich stark im Laufe des Lebens eines Menschen mit dem Gewinn und Verlust von Handlungsautonomie und -sicherheit. Während kleine Kinder für die Erfüllung ihrer Grundbedürfnisse noch ganz unmittelbar auf die Hilfe anderer Menschen angewiesen sind, sind sie sich – im günstigen Fall – in der Jugendphase und im Erwachsenenalter der Befriedigung ihrer physiologischen Grundbedürfnisse gewiss und die sozialen Bedürfnisse treten stärker in den Vordergrund. In Krisensituationen, die sowohl durch äußere Ereignisse wie Naturkatastrophen oder Kriege, durch Krankheiten und persönliche Schicksalsschläge oder durch Veränderungen wie Migration ausgelöst werden können, sind sie wieder stärker auf Menschen aus ihrer unmittelbaren Umgebung, z.B. auf familiären Zusammenhalt, angewiesen und die Bedeutung anderer Gruppen nimmt ab. Das gilt möglicherweise auch wieder im Alter, insbesondere bei Pflegebedürftigkeit.

Die Zugehörigkeit zu Gruppen ist somit einerseits soziales Bedürfnis, andererseits Voraussetzung zur Befriedigung anderer – grundlegender wie auch weitreichender – Bedürfnisse. Der Mensch ist sowohl für sein physiologisches Überleben wie auch für seine Selbstverwirklichung und das Erreichen eines angestrebten sozialen Status auf die Unterstützung von Gruppen angewiesen. Wie gut Menschen in der Lage sind, ihre Bedürfnisse zu befriedigen, hängt deshalb – neben ihren durch Geburt vorgegebenen Startchancen – davon ab, wie gut es ihnen gelingt, in sozialen Beziehungen einen angestrebten Status zu erwerben, Unterstützung und Förderung zu erhalten und Misserfolge zu vermeiden. Dies wiederum ist abhängig davon, wie gut sie gelernt haben, sich in Gruppen adäquat zu verhalten, sich günstig darzustellen, sich für Gruppen einzusetzen und diese für sich einzunehmen sowie soziale Anerkennung zu gewinnen. Das Erreichen von späteren Zugehörigkeiten zu informellen Gruppen und darüber hinaus von gewünschten Positionen in diesen Gruppen ist Resultat von Lernprozessen, die in Erfahrungen in früheren Gruppen und Beziehungen ihre Wurzeln haben.

1.4.1 Primäre erwachsene Bezugspersonen

Die Bedeutung der primären Beziehungen in der frühen Kindheit für die Entwicklung sozialer Kompetenzen wurde in der Psychoanalyse schon seit Freud betont und auch in lerntheoretischen und soziologischen Theorien wird davon ausgegangen, dass die frühen Beziehungserfahrungen eines Kindes die Weichen für die spätere Gestaltung seiner sozialen Beziehungen stellen. In den Blick gerät dies vor allem bei Abweichungen von Verhaltenserwartungen der Umgebung. Fast schon alltagssprachlich werden da Menschen etwa als narzisstisch gestört charakterisiert, aufgrund ihres Sozialverhaltens als typisches Einzelkind eingeordnet u.ä.

Ein Kind entwickelt und sozialisiert sich in Beziehungen, es wird in Beziehungen und Gruppen erzogen, es lernt in sehr unterschiedlichen Settings und eignet sich dabei seine innere Realität und die äußere, gesellschaftliche Realität an. Laut Martin Dornes (2012) sind bereits wenige Monate alte Kinder „Mentalisten", d.h. sie sind höchst interessiert daran, zu verstehen, was der andere denkt bzw. welche Wirkung sie auf das Gegenüber haben.

In den ersten Lebensphasen stehen für Kinder – je nach Beziehungskonstellation und Kultur – die Beziehungen zur Mutter, zum Vater oder zu anderen wichtigen Bezugspersonen im Vordergrund. Innerhalb dieser Beziehungen wird die physiologische Versorgung gewährleistet, hier werden die ersten grundlegenden Lernerfahrungen gemacht. In dyadischen und/oder triadischen Beziehungen lernt das Kind nicht nur andere Menschen kennen, es erfährt etwas über sich, über seinen Wert und seinen Einfluss auf die anderen Menschen. Es lernt andere einzuschätzen und sich auf sie einzustellen. Im Beziehungsgeflecht der Eltern macht das Kind „erste Gruppenerfahrungen“ (vgl. Kap. 1.2), es ist Anlass und schon sehr früh Akteur in der Dynamik innerhalb der Familie. In dem für das Kind günstigen Fall erfährt das Kind in diesen Beziehungen Schutz, Sicherheit und Geborgenheit, seine Grundbedürfnisse werden zuverlässig befriedigt. Der Erwerb dieser Sicherheit muss nach neueren Forschungsergebnissen nicht nur durch möglichst große Präsenz von Mutter und Vater ermöglicht, er kann auch durch andere positive Beziehungen gewährleistet werden (vgl. Ahnert 2009).

Die Frage nach der Bedeutung der ersten Beziehungserfahrungen für das Kind war der Ausgangspunkt der Bindungstheorie, die von John Bowlby und seine Forschungsgruppe in den 1940er und 1950er Jahren entwickelt wurde. Zu Beginn stand die Fragestellung im Mittelpunkt, welche Zusammenhänge zwischen der Abwesenheit der zentralen Bezugsperson(en) und späteren psychischen Störungen bestehen, später wurde vermehrt die Qualität der Beziehung, insbesondere die vorhandene oder abwesende Feinfühligkeit der Bezugspersonen und deren Auswirkung auf die weitere Entwicklung des Kindes untersucht. Da die Bindungstheorie auch in der Gruppenpädagogik für das Verstehen von Handlungen einzelner Gruppenmitglieder und von Gruppenprozessen von großer Bedeutung ist, wir diese aber hier nicht ausführlich vorstellen können, empfehlen wir z. B. Grossmann und Grossmann (2017) sowie Brisch (2010).

Bindung wird als ein biologisches System verstanden, das angelegt ist, um das Leben der Spezies Mensch zu sichern. Im Falle von Gefahrenfall oder bei Stress – z. B. zu großer Entfernung von der Bezugsperson – wird beim Kind Bindungsverhalten aktiviert, es sucht den Schutz der Bindungsperson. Nähe zur oder Körperkontakt mit der Bindungsperson beendet die Alarmierung und das Kind kann sein Explorationsverhalten wieder aufnehmen. Sichere Bindung ist damit Voraussetzung für eine angstfreie Erforschung der Welt.

Beispiel
Die zweijährige Neita ist mit ihren Eltern und ihrem fünfjährigen Bruder Max im Supermarkt beim Wochenendeinkauf. Max schiebt den Buggy und als er an den Puppen vorbeifährt, will Neita aussteigen und schaut sich das Spielzeug an. Max fährt langsam mit dem Kinderwagen weiter und auf einmal merkt Neita, dass sie keinen mehr aus der Familie sieht. Sie fängt laut an zu weinen, die Mutter kommt angelaufen, nimmt ihr Kind auf den Arm und tröstet es. Nach knapp einer Minute will Neita wieder selbst gehen, bleibt aber etwas näher bei den Eltern.

Vereinfacht ausgedrückt lässt sich zusammenfassen, dass ein Kind im günstigen Fall eine sichere Bindung erwirbt, dabei Urvertrauen entwickelt und sich selbst als grundsätzlich liebenswert und wichtig erlebt. Wenn aber diese Phase für das Kind ungünstig verläuft, erfährt es (zu) wenig Geborgenheit und Sicherheit von Versorgung und Zuwendung, entwickelt wenig Vertrauen in die Reaktionen der anderen Menschen auf die eigenen Bedürfnisse und damit auf eigene Selbstwirksamkeit und Kontrolle. Dann entsteht möglicherweise keine verlässliche Verbindung zu den Erwachsenen, von denen es abhängig ist, und es erwirbt dadurch eine unsichere Bindung. Mary Ainsworth u.a. haben im Fremde-Situations-Test nachgewiesen, dass sich sehr früh verschiedene Bindungsmuster entwickeln, die für das weitere Leben eine wichtige Rolle spielen, wobei eine sichere Bindung als günstigste Voraussetzung für die weitere Entwicklung gilt. Das Kind entwickelt sehr früh sogenannte innere Arbeitsmodelle, auf der Grundlage seiner Erfahrungen, die u.a. sein Verhalten in unbekannten oder als bedrohlich erlebten Gruppensituationen steuern.

Die in den ersten Lebensjahren eines Kindes erworbenen Bindungserfahrungen sind sowohl nach psychoanalytischer Theorie wie auch nach anderen Entwicklungs- und Lerntheorien von fundamentaler Bedeutung für seinen weiteren Lebensweg, für die Erwartungen und Ziele, mit denen das Kind in die weiteren Beziehungen mit einzelnen Menschen und Gruppen geht, für die Art seines Explorationsverhaltens, d.h. für den Mut und die Art und Weise, mit denen es sich aus der Sicherheit der vertrauten Beziehungen herauswagt und die Welt außerhalb erkundet. Kinder erwerben in den primären Beziehungen ein Bild ihrer Selbst, ihres Wertes, ihrer Grundauffassungen darüber, was sie tun müssen, um zu Liebe und Anerkennung oder einfach zur Befriedigung ihrer Grundbedürfnisse zu kommen. Der Begründer der Individualpsychologie, Alfred Adler, hat Strategien als Zielprioritäten (Adler 1982) herausgearbeitet, die sich als Reflex von Erfahrungen und Grundängsten (vgl. Riemann 2017) verstehen lassen. Das Streben nach Überlegenheit kann etwa als Antwort auf Erfahrungen verstanden werden, dass man die/der Schnellste, Stärkste, Schönste sein muss, um geliebt und anerkannt zu werden; das Streben nach Kontrolle ist ein Reflex auf Erfahrungen von Unberechenbarkeit in den früheren Beziehungen; das Streben danach, anderen gefallen zu wollen, resultiert aus der Erfahrung, dass man sich intensiv auf die Bedürfnisse der anderen einstellen muss, um etwas für sich zu bekommen; die Priorität „Bequemlichkeit" beruht auf der Erfahrung, dass es unabhängig von eigenen Anstrengungen ist, wie viel Sicherheit und Zuwendung man erhält. In der Bindungsforschung hat man mit standardisierten Verfahren (Fremde-Situations-Test) unterschiedliche Bindungstypen herausgearbeitet. Neben der Präsenz der Bezugsperson(en) hängt es auch von deren Feinfühligkeit, d.h. von deren Wahrnehmungsfähigkeit für die Bedürfnisse des Kindes und deren angemessener Befriedigung ab, ob ein Kind sicher, unsicher ambivalent, unsicher vermeidend oder desorganisiert gebunden ist.

Es wird in mehreren Untersuchungen darauf hingewiesen (z.B. Schleiffer 2001; Schmidt 2007), dass Kinder und Jugendliche mit problematischen Bindungserfahrungen – d.h. unsicher oder desorganisiert gebundene Kinder und Jugendliche – oder Kinder mit diagnostizierten Bindungsstörungen besonders häufig in den Erziehungshilfen vertreten sind. Dies lässt sich zum einen damit erklären, dass solche Kinder häufiger in Schulen und Kindereinrichtungen als „schwierige Kinder" auffallen und entsprechend in besondere Einrichtungen verwiesen werden. Zum anderen weiß man aus Befragungen zu den Bindungseinstellungen insbesondere von Müttern, dass diese ähnliche innere Arbeitsmodelle haben wie ihre Kinder, dass also Bindungserfahrungen an die nächste

Generation weitergegeben werden. Es erscheint also nachvollziehbar, dass die Bezugspersonen, die an der Entstehung der Probleme ihrer eigenen Kinder beteiligt sind, nur schwerlich diese Probleme alleine mit den Kindern bearbeiten können, sondern (Erziehungs-)Hilfe benötigen.

1.4.2 Geschwister

Die meisten Kinder wachsen nicht nur mit ihren Eltern oder mit einem Elternteil, ggf. noch mit weiteren erwachsenen Bezugspersonen auf, sondern haben auch Geschwister. Statistisch gesehen ist das Aufwachsen mit Geschwistern in Deutschland nach wie vor der Regelfall. Laut Mikrozensus lebten im Jahr 2014 26 % der 13 Millionen minderjährigen Kinder in Deutschland ohne Geschwister in einem Haushalt. Knapp die Hälfte der minderjährigen Kinder (47 %) wuchs mit einem weiteren minder- oder volljährigen Geschwisterkind im Haushalt auf. 26 % hatten zwei oder mehr Geschwister (Destatis 2017).

Für Kinder, die Geschwister haben, spielen diese schon früh im Leben eine wichtige Rolle. Geschwisterkinder setzen Dynamiken in der Familie in Gang und reagieren auf diese. Es kommt anders als bei Einzelkindern zu Konkurrenzen und Koalitionen in annähernd symmetrischen Beziehungen. Geschwisterbeziehungen können – so wie die Beziehungen zu Eltern in gewisser Weise ein Modell für die Beziehung zu anderen Erwachsenen sind – alle späteren Beziehungen zu Gleichaltrigen beeinflussen und besonders natürlich die Beziehungen zu den anderen Kindern und Jugendlichen in Wohngruppen oder Tagesgruppen.

Bei Einzelkindern spielen andere Kinder oft erst später eine ähnliche Rolle, etwa im Kindergarten oder gar erst in der Schule, wobei Konflikte dort meist keine so starke emotionale Belastung darstellen wie die mit Geschwistern, da keine Konkurrenz um die Beziehung zu zentralen Personen wie Mutter oder Vater droht.

Wir gehen hier auf Geschwisterbeziehungen deshalb ausführlich ein, weil diese Beziehungen für die Erziehungshilfen in mehrfacher Beziehung große Bedeutung haben:

1. Geschwistergruppen gelten häufig als Modell, dem Heimgruppen nachgebildet werden, etwa im Hinblick auf die Alters- und Geschlechtsmischung. Dies wird fast durchgängig mit der Idee positiver Geschwisterbeziehungen begründet, Ambivalenzen oder gar negative Vorerfahrungen der Kinder und Jugendlichen in ihrer Geschwisterkonstellation werden eher selten in Betracht gezogen.
2. Wenn Gruppen in der Erziehungshilfe von den Kindern und Jugendlichen als familienähnlich wahrgenommen werden, knüpfen diese unvermeidbar an deren vorangegangenen Familienerfahrungen an, z. B. an die Rolle, die sie in der Geschwisterreihe angenommen haben.
3. Für Mitarbeiter*innen von Wohngruppen kann es wichtig sein, nicht nur die Eltern der Kinder und Jugendlichen zu kennen, sondern auch etwas über die Beziehungen zu den Geschwistern zu wissen.
4. Außerdem sind Geschwistergruppen sind nicht selten Adressaten der Erziehungshilfe, werden gleichzeitig aus ihrer Familie herausgenommen und dann gemeinsam oder auch getrennt in Pflegefamilien oder Heimgruppen untergebracht.

Bereits in der Bibel und in Märchen und Mythen aller Völker, in Volksbräuchen, Legenden und Sagen finden stereotype Vorstellungen über Geschwisterpositionen ihren Ausdruck (vgl. Dupont 1998). In der Josephsgeschichte kommt beispielsweise dem „Jüngsten" eine besonders schützenswerte und kostbare Nesthäkchenposition zu, in den Märchen sind es in der Regel die jüngsten Geschwister, die am besten die ihnen gestellten Aufgaben lösen. Die ältesten Geschwister sind in der Regel die Verantwortungsträger, denen eine Führungsrolle zugedacht ist. Die mittleren Geschwister kommen in diesen stereotypen Beschreibungen oft am schlechtesten weg, sie sind oft mit Missgunst und Neid assoziiert.

Die Annahme also, dass das Aufwachsen mit einer Geschwistergruppe, aber auch die Position innerhalb dieser, die Persönlichkeitsentwicklung und das spätere Leben eines Menschen beeinflusst, ist in den Überzeugungen der Völker verankert. Entgegen dieser frühen Erkenntnis wurde der Geschwistereinfluss in der Familien- und Erziehungsforschung lange Zeit unzureichend gewürdigt. Im letzten Jahrhundert entstand die Geschwisterforschung als eigene wissenschaftliche Disziplin, die die Beziehungen zwischen Geschwistern unter verschiedenen psychologischen, historischen und sozialwissenschaftlichen Fragestellungen untersucht; Alfred Adler (1870–1937) gilt als einer der Väter der Geschwisterforschung und stellte in den 1930er Jahren als erster Hypothesen über Konstellationseffekte auf: Die Geschwisterposition verursache die Ausbildung bestimmter Persönlichkeitseigenschaften, wobei Adler betont, dass nicht die Rangposition eines Kindes die entscheidende Rolle spielt, sondern die damit verbundene Situation in der Familie, in die es hineingeboren wird, und vor allem deren Wahrnehmung durch das Kind.

Geschwisterbeziehungen haben eine Reihe von *Merkmalen*, durch die sie sich von anderen Primärbeziehungen unterscheiden:

1. Geschwisterbeziehungen sind zumeist die am längsten andauernden Primärbeziehungen im Leben eines Menschen (vgl. Kasten 2003), die im Gegensatz zu der Beziehung zu den Eltern oder anderen Erwachsenen eher horizontal und symmetrisch angesiedelt sind. Mit ihren Geschwistern verbringen Kinder im Verlaufe ihres Heranwachsens häufig sehr viel Zeit. Geschwister sind ebenso wie Eltern nicht selbst gewählt und diese Beziehung bleibt, unabhängig davon, ob man es will oder nicht (vgl. Nitsch & Beil 2007).
2. Die meisten Geschwisterbeziehungen zeichnen sich durch eine tief verwurzelte Ambivalenz, also das gleichzeitige Vorhandensein von intensiven und positiven Gefühlen wie Liebe und Zuneigung und negativen Gefühlen wie Ablehnung oder sogar Hass aus (vgl. Kasten 2003).
3. „Für die fünf Kinder einer Familie gibt es fünf Familien. Man braucht keinen Psychoanalytiker dazu, um zu begreifen, dass diese fünf Familien einander nicht notwendigerweise ähneln müssen und dass sie ganz gewiss nicht identisch sind“ (Winnicott 1974: 146). Cierpka (2001) ergänzt, dass Geschwister sich nicht nur deshalb voneinander unterscheiden, weil sie

unterschiedlichen Lebenswelten ausgesetzt sind, sondern auch, weil sie sich ihre Rollen und Nischen selbst suchen, um sich ihre eigene Identität zu erwerben.

Es gibt sehr viele unterschiedliche Arten und Weisen, wie die Beziehung zwischen Geschwistern gestaltet wird, unter Kindeswohlgesichtspunkten wird beispielsweise die parentifizierte große Schwester häufig thematisiert, die ihr eigenes Kind- oder Jugendlich-Sein für das Wohl ihrer jüngeren Geschwister opfert oder opfern muss.

Die Psychoanalytikerin und Entwicklungspsychologin Inge Seiffge-Krenke (2001) konzeptionalisiert *neun Typen von Geschwisterbeziehung*, wobei diese nicht als absolut zu betrachten sind, sondern dazu dienen sollen, die Geschwisterbeziehung unter therapeutischen Gesichtspunkten in ihrer Vielschichtigkeit systematischer in den Blick zu nehmen.

1. Sie spricht vom Geschwisterteil als Lehrer und Helfer, das ein wichtiges Identifikationsobjekt sein und Entwicklungsschritte erleichtern kann.
2. Ein Geschwisterteil wird gehasst, wenn es zum Objekt von Feindseligkeit und Aggression wird, als klassisches Beispiel können Kain und Abel gelten, jene biblische Geschichte, in der Kain seinen Bruder erschlägt.
3. Beneidet wird ein Geschwisterteil oft dann, wenn dieses etwas hat, was man selbst nicht zu haben glaubt.
4. Man rivalisiert mit dem Geschwisterteil hingegen um ein geliebtes Objekt und es geht um die Verdrängung des Rivalen.
5. Geschwister können auch ein Elternersatz sein; dies ist nicht selten bei psychisch kranken Elternteilen der Fall.
6. Auch Geschwister können massiv dazu beitragen, dass ein Kind in die Sündenbockrolle gerät.
7. Der Einfluss älterer Geschwister auf das Drogenverhalten jüngerer Geschwister ist größer als das von Eltern oder Peers, sie können also auch die Rolle des Verführers übernehmen.
8. Geschwister können auch erotische Partner sein, als klassische Beispiele gelten Klaus und Erika Mann bzw. in der Lite-

ratur Ulrich und Agathe aus „Der Mann ohne Eigenschaften“ von Robert Musil.

9. Zu guter Letzt können Geschwister unter einer Ersatzrolle leiden, wenn sie beispielsweise ein totes Geschwisterkind ersetzen sollen und dann zumeist erhebliche Schuldgefühle haben.

Seiffge-Krenke betont, dass die Qualität von Geschwisterbeziehungen über die Lebensspanne einem Wandel unterliegt und dass Letztere nach einer Phase der Abgrenzung im mittleren und hohen Erwachsenenalter wieder an Bedeutung und Intensität zunehmen. Ein weiteres Merkmal von Geschwisterbeziehungen ist deren Ambivalenz:

> „Wilde Indianer sind entweder auf Kriegspfad oder rauchen die Friedenspfeife – Geschwister können gleichzeitig beides!“ (Tucholsky, zit. nach Endres 1998: 13)

Man spricht von Loyalität zwischen Geschwistern, die durch bestimmtes Elternverhalten gefördert werden kann; zusätzlich dazu gibt es das Phänomen der Geschwistersolidarität, die sich von der Geschwisterloyalität vor allem darin unterscheidet, dass sie zeitlich begrenzt ist (vgl. Mähler 2002). Das Phänomen der Geschwisterrivalität hängt nach psychoanalytischer Auffassung vor allem mit dem Entthronungstrauma zusammen; Kasten (2017) hält die kontinuierlichen Vergleichsprozesse, die sich zwischen Geschwistern abspielen, für eine wesentliche Ursache von Geschwisterrivalität. Geschwister haben im Durchschnitt 50 % identische Gene, verbringen viel Zeit miteinander und vergleichen sich deshalb oft im Hinblick auf Aussehen, Eigenschaften und Fähigkeiten. Je nachdem, inwiefern Eltern die unterschiedlichen Eigenschaften hervorheben, kontrastieren und bewerten, können Rivalitätsgefühle verstärkt oder gemildert werden.

> „Geschwister vergleichen (…) und bewerten sich, bewundern und kritisieren einander gegenseitig, sagen einander die Meinung, rivalisieren miteinander, helfen und streiten, lieben und hassen einander, richten

sich einander aus, üben Macht aus oder unterwerfen sich dem mächtigeren Geschwister, passen sich an, wollen ganz anders sein oder den anderen übertreffen. Geschwister ermöglichen Abgrenzung, Nähe und Selbstwerdung, erlernen kooperative Aushandlungsprozesse. Stilles wie offenes Vergleichen kann sich sehr stark auf das Selbstwertgefühl auswirken, wie auch die Meinungen und Bewertungen durch das Geschwister einen beträchtlichen Einfluss auf die Konstituierung des Selbstwertgefühls haben können." (Frick 2004: 120)

1.4.3 Peergroup-Beziehungen

Der Verlauf von Kindheit und Jugend lässt sich z. T. so beschreiben, dass im Prozess des Heranwachsens den Beziehungen zu Gleichaltrigen ein immer höherer Stellenwert zukommt, während die Bedeutung von Primärgruppen und intergenerationalen Beziehungen, also die zu den Eltern, zu anderen Verwandten, zu Erzieher*innen und Lehrer*innen sinkt und deren Einfluss damit geringer wird. Peers werden durchgängig in der Literatur als eine bedeutende und wesentliche Sozialisationsinstanz beschrieben (vgl. Behnisch u. a. 2013: 43).

„Für die Kindheitsphase zeichnet sich (…) eine deutliche Tendenz ab, Gleichaltrigenkontakte als bedeutsam und hilfreich zu bewerten. Im Pubertäts- und Jugendalter beobachtet die Forschung schon lange eine Tendenz der Akteure, die Peergroup als bedeutende, wenn nicht sogar wesentliche Sozialisationsinstanz wahrzunehmen." (Winkler 2003: 216)

Gerade im Jugendalter, wenn es um die Herausbildung und Stabilisierung eigener Identität geht, spielt die Identifikation mit selbst gewählten Gruppen und die Chance, sich in solchen Gruppen selbst zu finden, eine entscheidende Rolle.

Im Zusammenhang mit dem oben schon beschriebenen Prozess der Individualisierung in modernen Gesellschaften müssen junge Menschen stärker selbst für ihre soziale Integration sorgen als in vormodernen Gesellschaften, in denen Gruppenzugehörigkeit zwar nicht frei wählbar, aber dafür weitgehend ohne eigene

Anstrengung sicher war (vgl. Beck & Beck Gernsheim 1994). Heute müssen sie selbst die Initiative ergreifen, um soziale Anerkennung zu erhalten. Durch alle Lebens- und Entwicklungsphasen des Menschen zieht sich die Anforderung, die persönliche Individuation mit der gesellschaftlichen Integration in Einklang zu bringen und die in diesem Zusammenhang stehenden Entwicklungsaufgaben zu bewältigen. Klaus Hurrelmann und Ullrich Bauer (2015) definieren Sozialisation als einen Prozess der produktiven Realitätsaneignung, als einen Prozess, in dem Entwicklungsaufgaben zu bewältigen sind (Hurrelmann greift diesen Begriff von Robert J. Havighurst auf), an dem man scheitern oder wachsen kann. Das Kind, der Jugendliche sind nicht Objekte des Sozialisationsprozesses, sondern mehr oder weniger erfolgreiche Akteure. Ob sie ihre Ziele erreichen, hängt nicht allein von den äußeren und inneren Voraussetzungen ab, sondern ist auch abhängig von ihrer eigenen Aktivität (vgl. Hurrelmann & Bauer 2015 sowie Andresen & Hurrelmann 2010).

Es gehört daher zu den wichtigsten, schwierigsten und riskantesten Aufgaben von Kindern und Jugendlichen, Beziehungen und Freundschaften zu Gleichaltrigen aufzubauen, zu pflegen und zu erhalten. Gelingt es, die dafür notwendigen Fähigkeiten zu erwerben, so bietet dies eine wichtige Voraussetzung für die Entwicklung von Selbstständigkeit und eine konfliktarme Ablösung von den Eltern, zugleich ist es eine wichtige Voraussetzung für die Entwicklung eines positiven Welt- und Selbstbildes, für die Bildung von Selbstwirksamkeitsüberzeugung und Zuversicht (vgl. Opp & Teichmann 2006). Wenn man allerdings daraus schließt, Peergruppen seien wegen ihrer fundamentalen Bedeutung im Jugendalter wesentlich bedeutungsvoller als Beziehungen zu den Eltern, übersieht man, dass in der familiären Sozialisation entscheidende Weichenstellungen erfolgen, zu welchen Peergruppen Jugendliche später Zugang haben (vgl. ebd.). Wer etwa in seiner Kindheit ein Musikinstrument gelernt hat, für den ist es auf jeden Fall sehr viel leichter, Zugang zu einer Band zu erhalten, als für einen in diesem Bereich nicht geförderten Jugendlichen. Jugendliche werden nicht erst in ihrer Jugendzeit zu „Individualisierungsverlierern“ (Beck & Beck-Gernsheim 1994), meist werden die Voraussetzungen für diese Karriere oder eine für sie positivere Entwicklung schon in der primären Sozialisation geschaffen.

Gelingt die Bewältigung der Entwicklungsaufgaben in der Peergruppe nicht, bleibt das Grundbedürfnis nach sozialer Anerkennung unbefriedigt und die Betroffenen müssen auf der Suche nach Aufmerksamkeit und Zuwendung mehr oder anderes ‚bieten' und höhere Risiken eingehen – etwa um sich Zuwendung durch materielle Leistungen zu ‚erkaufen' oder durch die Wahrnehmung spezifischer Aufgaben für Gruppen (Hilfsdienste, Stehlen, Gewaltbereitschaft) Zugehörigkeit und Anerkennung zu erhalten (vgl. Oswald 2003). Günter Opp (2006: 37f.) beschreibt diese Gruppen wie folgt:

> „Riskant werden Cliquen vor allem dann, wenn Drogen im Spiel sind oder gewalttätige und delinquente Aktivitäten im Mittelpunkt des Gruppenlebens stehen. Für ihre Mitglieder besitzen solche Cliquen auch im Sinne moralischer Orientierung eine besondere Bedeutung, es ist für sie naheliegend, die Wertorientierung der jeweiligen Subkultur anzunehmen. In ‚prekären Cliquen', die ihre Mitglieder unter starken Anpassungsdruck setzen, treffen sich vor allem Jugendliche, die angeben, ‚überwiegend rumzuhängen' und sich zusammenfinden, weil sie ‚sonst niemanden haben' (Wetzstein u.a. 2003: 841). Solche Cliquen sind Schicksalsgemeinschaften, die sich aus Ausgrenzungserfahrungen in anderen Arenen sozialen Handelns heraus entwickeln. Typisch für die Jugendlichen in prekären Cliquen (…) ist eine externale Kontrollüberzeugung: das Leben ist für sie mehr durch Zufälle bestimmt als durch eigene Leistungen, ungünstige Umstände und Pech sind für Misserfolg verantwortlich. Sie geben an, ihre Probleme nicht selbstständig lösen zu können und für ihren Lebensweg nicht selbstverantwortlich zu sein. Sie fühlen sich anomisch verunsichert über das Leben in der Gesellschaft und ihre Zukunftserwartungen." (ebd.)

Diese Gruppen zeichnen sich oft durch eine klare Struktur, deutliche Hierarchien und einen festen Regelkanon aus. Die Mitgliedschaft in einer solchen Jugendgang oder Bande schließt möglicherweise die Mitgliedschaft in anderen Gruppen aus, die starke Gruppenkohäsion führt dazu, dass in solchen Gruppen die Chancen zur Individualisierung für – zumindest die untergeordneten – Mitglieder eher gering sind.

Peergruppen sind somit nicht nur emotionaler Rückhalt für Kinder und Jugendliche, der Ort, an dem in symmetrischen Beziehungen mit Verhalten experimentiert werden kann, sie sind auch gleichzeitig der Ort, an dem die meisten Normübertretungen geschehen und Entwicklungsrisiken deutlich werden. Kinder- und Jugendkriminalität geschieht häufig im Gruppenkontext, etwa in Form von sogenanntem Vandalismus, auch Gewalt- und Drogendelikte sind häufig mit besonderer Gruppendynamik verknüpft (vgl. Opp 2006).

Auf der anderen Seite ist es auch nicht so, dass alle Jugendlichen in eine feste Gruppenstruktur eingebunden sind, an der sie sich orientieren. Jugendliche sind oft in sehr verschiedenen Gruppen integriert, zwischen denen es keine Überschneidungen der Zugehörigkeit mit anderen Jugendlichen gibt. Sie floaten sozusagen zwischen den verschiedenen Gruppen und müssen die Fähigkeit entwickeln, dabei ihre Identität zu finden, eine Patchwork-Identität, wie Kupp (2003) es nennt, auszubilden.

Außerdem sind viele Peergruppen nicht als feste Gruppen zu verstehen, denen Kinder und Jugendliche für einen langen Zeitraum angehören, sondern haben häufig eher den Charakter von Netzen (vgl. Oswald 2005). Es können sich innerhalb einer größeren Gruppe zeitlich begrenzt Untergruppen herausbilden, beste Freunde/Freundinnen können für den Einzelnen aus der Peergruppe besondere Bedeutung haben, so dass sich oft keine stabile Struktur und keine feste Rollenverteilung in diesen Gruppen erkennen lassen.

Peers, also Freunde und Freundinnen, Kollegen und Kolleginnen, Netzwerkbeziehungen außerhalb der Familie spielen im gesamten weiteren Lebenslauf eine wichtige Rolle, jedoch lässt sich aus einer langfristigen Perspektive das Erwachsenwerden und -sein auch als zyklischer Prozess beschreiben. Es entstehen aus Peerbeziehungen u. U. Paarbeziehungen, somit dyadische Beziehungen, nach Familiengründungen stehen intergenerationale Verwandtschaftsbeziehungen wieder im Vordergrund – das ist je nach Konstellation sehr unterschiedlich. Insgesamt lässt sich festhalten, dass Beziehungen im Primärbereich und Peerbeziehungen bei den meisten Menschen ständig eine Rolle spielen und zu unterschiedlichen Phasen des Lebenslaufes eine unterschiedliche Bedeutung haben.

2 Gruppen als Gegenstand von Pädagogik und Sozialer Arbeit

Im vorangegangenen Kapitel haben wir die Merkmale von Gruppen, deren Bedeutung und Einfluss auf die Entwicklung von Kindern und Jugendlichen dargestellt, im günstigen Fall wie auch in problematischer Hinsicht. In diesem Kapitel werden wir vorstellen, wie sich die Prozesse in Gruppen verstehen lassen, was Gruppenleiter*innen über die Prozesse und auch über ihre Beteiligung und ihre Rolle in den Gruppenprozessen wissen sollten und was dann schließlich Gruppenpädagogik und Soziale Gruppenarbeit als Methode der Sozialen Arbeit auszeichnet.

2.1 Gruppendynamik

Wir konzentrieren uns in diesem Kapitel auf die Schilderung solcher Situationen, in denen Gruppen (oder abgegrenzte Untergruppen wie ein Team) als Ganzes miteinander interagieren. Dies ist z.B. bei Gruppentreffen in der Sozialen Gruppenarbeit der Fall, auch in der Kommunikation einer Lehrer*in mit einer Klasse, bei einer Gruppensitzung in einer Wohngruppe, einer Teamsitzung. Neben dieser Kommunikation im Kreis kommunizieren Gruppenmitglieder oft auch dezentral im Netzwerk (vgl. Stahl 2012: 364ff.), d.h. in Untergruppen, manchmal an verschiedenen Orten miteinander und diese Kommunikation hat Auswirkungen auf die Dynamik der Gruppe als Ganzes. In der Sozialen Gruppenarbeit als einer Form der Erziehungshilfe, manchmal auch in Tagesgruppen dominiert die Kommunikation innerhalb der Gesamtgruppe, in Wohngruppen reduziert sich diese Art der Kommunikation oft auf Situationen wie gemeinsame Mahlzeiten und das wöchentliche Gruppengespräch und die Kommunikation einzelner Gruppenmitglieder und von Untergruppen steht im Vordergrund. Die im Folgenden vorgestellten Ansätze zum Verständnis der Gruppendynamik werden an der Kommunikation innerhalb der Gesamtgruppe illustriert, in die natürlich die Netzwerkkommunikation hineinwirkt, die dann im 4. Kapitel wieder explizit aufgegriffen wird.

Für alle diejenigen, die schon einmal für eine Gruppe verantwortlich waren, sei es im Rahmen einer Jugendfreizeit oder eines Schwimmkurses für Kinder, bezeichnet der Begriff der Gruppendynamik kein unbekanntes Terrain. Man kann den Ablauf der Aktivitäten, die man mit einer Gruppe durchführen möchte, zwar minutiös durchplanen, aber die nicht planbare Entwicklung der Dynamik in der Gruppe (Gruppendynamik) kann diesen Ablauf empfindlich stören.

Beispiel

In einem einwöchigen Ferienschwimmkurs für Kinder möchte die zehnjährige Johanna unbedingt „Gold" schaffen, ihre Mutter spricht jeden Tag mit dem Schwimmlehrer, welche Fortschritte Johanna macht. Die neunjährige Sabine ist zum Schwimmkurs angemeldet worden, weil ihre Eltern keinen Urlaub bekommen haben, hat die Hoffnung, andere Kinder kennenzulernen, und findet das Schwimmen absolut sekundär. Kevin, elf Jahre, will sich vor allem austoben und nur das tun, was ihm Spaß macht etc.

An diesem Beispiel wird deutlich, dass die Teilnehmer einer Gruppe in der Regel mit ausgesprochen unterschiedlichen und oft nicht bewussten Erwartungen kommen und die Frustration dieser Erwartungen „Dynamik macht" (vgl. Stahl 2012). Gruppendynamik lässt sich also grundsätzlich nicht verhindern, sondern nur näherungsweise verstehen und beeinflussen.

Ein älteres, sehr bekanntes Konstrukt, um gruppendynamische Prozesse zu verstehen, ist das *Johari-Fenster,* das 1955 von *Jo*seph Luft und *Harry* Ingham entwickelt wurde (vgl. Luft 1971). Das Johari-Fenster dient der Differenzierung in Selbst- und Fremdwahrnehmung und ist in vier Felder unterteilt:

- Das erste Feld ist das *öffentliche Feld,* das alles das umschließt, was jemand bewusst und willentlich den anderen von sich mitteilen möchte.

- Das zweite Feld ist das *geheime Feld,* das die Informationen beinhaltet, die jemand bewusst verschweigen und den anderen nicht mitteilen möchte.
- Das dritte Feld ist der *blinde Fleck;* hierbei handelt es sich um Informationen, die unbewusst gesendet und von den Empfängern, aber nicht vom Sender wahrgenommen werden.
- Das vierte Feld wird als das *unbekannte Feld* bezeichnet, das Informationen oder auch Persönlichkeitsanteile umfasst, die weder der Person selbst noch der Gruppe bekannt sind und möglicherweise erst zu einem späteren Zeitpunkt zum Ausdruck kommen.

Das Johari-Fenster differenziert insofern das „Eisbergmodell" der Kommunikationstheorie und der Psychoanalyse, nachdem sich ca. 80 % der Kommunikation auf der Ebene des Vor- oder Unbewussten abspielen (vgl. z. B. Edding & Schattenhofer 2015).

Abb. 2

	Mir bekannt	Mir unbekannt
Anderen bekannt	**öffentliche Person** Selbst- und Fremdbild stimmen überein	**Blinder Fleck** andere nehmen mehr oder anderes von uns wahr als wir selbst
Anderen unbekannt	**private Person** der Bereich, den wir vor anderen verbergen	**Unbekanntes** weder uns selbst noch anderen bekannt

Beispiel

Maria kommt neu in eine Jugendwohngruppe. Sie erzählt, dass sie ihre Eltern verloren hat und dass sie nun ihren Schulabschluss schaffen möchte (öffentliches Feld). Sie erzählt nicht, dass sie ihre letzte Wohngruppe und ihre letzte Schule zwangsweise wegen gewalttätiger Übergriffe verlassen musste (geheimes Feld). Während sie erzählt, knackt sie die ganze Zeit mit ihren Fingern und kaut auf ihren Haaren, woran die anderen merken, wie nervös Maria ist, während Maria das selbst gar nicht auffällt (blinder Fleck). Als Maria nach einigen Wochen einer anderen

Jugendlichen in einer schwierigen Situation hilft, ist sie selbst von sich und alle anderen von ihr überrascht (unbekanntes Feld).

Nach Luft (1971) ist in einer Gruppe das erste öffentliche Feld zunächst sehr klein und durch die Öffnung jedes Einzelnen und durch das Feedback der anderen kann es vergrößert werden. Ziel ist es, mit den unbewussten Prozessen, die im Verhältnis zu den bewussten Prozessen dominant sind, in einer Gruppe besser umgehen zu können.

In Gruppen, in denen neben der gemeinsamen (Kreis-)Kommunikation auch viel im Netzwerk kommuniziert wird, lassen sich schwierige Prozesse mit dem Johari-Fenster verstehen.

Bleiben wir bei Maria: In einem Vier-Augen-Gespräch verrät sie Jenny, dass sie von der Schule geflogen ist, weil sie sich gewehrt hat, als die anderen so blöd zu ihr waren. Sie denkt, dass Jenny das Geheimnis nicht den anderen Jugendlichen verrät, aber nachdem sie sich heute heftig mit ihr gestritten hat, ist sie sich nicht mehr so sicher und hat Angst vor dem wöchentlichen Gruppengespräch heute Abend.

Auch Mitarbeiter*innen offenbaren im Rahmen ihres Dienstes ihre private Person oder ihre blinden Flecken und auch dies kann Auswirkungen auf ihre Position, ihr Ansehen und ihre Rolle in der Gruppe haben.

Der diensthabende Sozialpädagoge Mario kritisiert Bernd, als dieser wieder einmal zu spät zum Abendessen kommt. „Was machst Du mich an, Du kommst doch selber oft zu spät, hast Du mir selbst erzählt." Mario hatte erzählt, dass sich seine Freundin ärgert, wenn er oft erst zu spät aus dem Dienst kommt, wenn sie etwas unternehmen wollen – seine eigentlich beabsichtigte Botschaft war, dass er sich zeitlich sehr für seine Jugendlichen engagiert.

Ein anderes Konzept, um die dynamischen Parameter in der Gruppenarbeit besser zu verstehen, ist das von Maurice und Blum entwickelte *Konzept ILDIKO*. Dabei stehen die Buchstaben für *I*dentitätssicherung, *L*okomotion, *Di*stanz und Nähe, *Ko*häsion (vgl. Wedekind & Georgi 2010). Dieses Konzept ist ein Vorschlag, die Selbstbeobachtung der Gruppe im Hinblick auf vier wesentliche Aspekte anzuregen.

- Als Erstes geht es um den Aspekt der Identitätssicherung und um die Frage, ob sich die Teilnehmer*innen in der Gruppe ausreichend gesichert, d.h. gesehen, akzeptiert und nicht bedroht fühlen. Maurice und Blum gehen davon aus, dass sich nur eine gesicherte Person aktiv in den Gruppenprozess einbringt und ihn mitgestaltet. Wenn dies nicht der Fall ist, ist der Einzelne vorrangig mit Eigensicherung beschäftigt, was dazu führen kann, dass das gesamte Aktivitätspotenzial dadurch absorbiert wird. Niedriges Sicherheitserleben korrespondiert demzufolge mit ausbleibendem Interesse an den anderen und den Aufgaben der Gruppe.
- Zweitens ist es nach Maurice und Blum von zentraler Bedeutung, mit den Teilnehmer*innen zu besprechen, inwiefern die Arbeitsergebnisse von den Teilnehmer*innen als sinnlich erfahrbar wahrgenommen werden können, da Gruppen ohne gemeinsame Aufgaben und Ziele keine Plausibilität haben.
- Drittens geht es um die zentrale Frage von Distanz und Nähe: Wie nah kommt man sich in der Gruppenarbeit und wie viel Abstand braucht jeder, damit er sich ausreichend autonom bewegen kann? Maurice und Blum schlagen hier die Anwendung soziometrischer Übungen (z.B. Aufstellungen im Raum vor) vor, damit sich jeder über seine persönliche aktive Zuordnung und die erwartete Zuordnung durch die anderen klar wird.
- Als Viertes und letzten Parameter wird die Gruppenkohäsion genannt, wobei über die Bildung bestimmter Rituale (z.B. es hat sich etabliert, dass bei den Arbeitsgruppentreffen immer jemand einen Kuchen mitbringt) oder bestimmter Insiderwitze sich längere Interaktionserfahrungen als ein bestimmtes Muster konstituieren.

2.1.1 Gruppenprozess

Für die praktische Arbeit stellt sich zunächst ganz einfach die Frage, wie es denn gelingen kann, überhaupt eine Gruppe in den Blick zu nehmen. Diese Frage ist insofern alles andere als einfach, weil Gruppen, wie beschrieben, sehr komplexe Gebilde sind und es äußerst unterschiedliche Erklärungen gibt, wie die Dynamiken in ihnen wirken. Die – im Vergleich zur Arbeit mit Einzelnen – vielschichtigere Komplexität von Gruppen liegt an der Gruppe selbst, an dem Umstand, dass sie eine Ansammlung von Einzelnen ist, die in Wechselwirkung zueinander stehen, und sie eine potenziell hohe Zahl unterschiedlicher Entwicklungsvariationen während eines Gruppenprozesses haben. Für die Arbeit mit Gruppen geht es somit darum, wie eine angemessene Komplexitätsreduktion aussehen kann, ohne den Erkenntnisgewinn unangemessen zu reduzieren. Für die praktische Arbeit wollen wir im Folgenden zwei zentrale Modelle der Gruppenarbeit vorstellen, mit deren Hilfe zunächst ein Verständnis des Einzelnen in der Gruppe und der Dynamik der Gruppe selbst möglich ist. Diese Modelle, das der Themenzentrierten Interaktion (TZI) und das Development-Modell (s.u.), sind vor dem Hintergrund der Vielfalt der Erklärungen zu Gruppen eher ‚Idealtypen', die in der Praxis erst ihre Bedeutung entfalten, wenn sie von der Gruppenleiter*in kontinuierlich reflektiert werden.

Auch muss bedacht werden, dass die Gruppenleiter*in ein Bestandteil der gruppendynamischen Prozesse ist und deshalb die Arbeit in Gruppen von der Gruppenleiter*in ein sogenanntes „Zweischleifenlernen" (Reflexion) voraussetzt (vgl. Doppelschleifenlernen in Argyris & Schön 2008).

Zweischleifenlernen bedeutet, dass gleichsam ‚unentwegt' über die Prozesse in der Gruppe nachgedacht werden muss, dieses Nachdenken Auswirkungen auf das Handeln der Gruppenleiter*in haben sollte, dieses Handeln wieder reflektiert werden muss und auch diese Reflexionen wieder im Handeln Berücksichtigung finden sollten usw. Genau dieser ‚spiralförmige' Reflexionsprozess ist eine wichtige Kompetenz, die in der Praxis entwickelt werden sollte; sie wiegt für die Arbeit in Gruppen weit mehr als die Kenntnis unterschiedlicher Techniken der Steuerung von Gruppen.

Crawford, Price und Price (2015) unterscheiden in diesem Zusammenhang zwischen „reflective practice“ – darunter verstehen sie die Beachtung der gruppendynamischen Situation, die eventuell modifiziert werden sollte – und „reflexive practice“ – damit ist die kritische Distanzgewinnung zu eigenen gedanklichen und emotionalen Prozessen sowie eine gute Selbstwahrnehmung, die mit der Beachtung des eigenen inneren Dialoges verbunden ist, gemeint.

Aspekte der Kommunikationstheorie

An dieser Stelle ist darauf hinzuweisen, dass für methodisch-professionelles Handeln jeglicher Art und damit auch für das methodische Handeln in Gruppen Kommunikation konstituierend ist (Müller 2008). Dass im methodischen Handeln überhaupt der Versuch unternommen wird, Kommunikation bewusst zu gestalten, ist ein wesentliches Unterscheidungsmerkmal einer professionellen Praxis im Vergleich zur Laienpraxis. Diese selbstverständlich anmutende Feststellung soll anhand zweier Kommunikationsaspekte präzisiert werden.

Paul Watzlawick u.a. benennen fünf pragmatischen *Axiome* (= Grundsätze einer Theorie) der menschlichen Kommunikation, von denen nun zwei genauer hinsichtlich der Arbeit mit Gruppen erläutert werden. Das erste Axiom lautet: *Man kann nicht nicht kommunizieren.* Watzlawick will damit verdeutlichen, dass sobald Menschen einander begegnen (Face to Face), es ausgeschlossen ist, dass sie nicht miteinander kommunizieren. Kommunikation meint hier also deutlich mehr als das Miteinander-Sprechen; dies hebt darauf ab, dass unsere pure körperliche Anwesenheit bereits als Kommunikation zu verstehen ist und jeder Versuch, in solchen Situationen nicht zu kommunizieren, scheitern muss oder gar als etwas „verrückt“ interpretiert werden kann.

Beispiel
Eine Person A, die einer anderen Person B unangenehm ist, spricht diese auf einer Veranstaltung von weitem an. B versucht, den Kontakt zu vermeiden, etwa, indem sie sich ihrer Begleitung zuwendet. A erlebt dieses (Kommunikations-)Verhalten von B als Zurückweisung, tritt näher an die beiden heran und wiederholt laut seine Begrüßung, was wiederum von B als Aufdringlichkeit interpretiert wird und so weiter.

Auf eine größere Gruppe bezogen bedeutet dies, dass unter kommunikationstheoretischer Perspektive diese Gruppe großem Kommunikationsstress ausgesetzt ist. In einer Gruppe von z. B. 20 Menschen ist jeder Einzelne der Gruppe gefordert, die kommunikativen Signale von 19 anderen Gruppenmitgliedern aufzunehmen, zu selektieren und letztlich sich selbst zu fragen, wie sie/er mit den 19 Gruppenmitgliedern kommuniziert, zugleich zu beobachten, wie die anderen 19 miteinander kommunizieren. Dieser Umstand macht noch mal sehr deutlich, dass die Gruppenleiter*in als anwesende Person nie außerhalb der Gruppe stehen kann, sondern kommunikativ, wie alle anderen Gruppenteilnehmer*innen auch, mit der Gruppe verbunden ist. Etwas drastischer formuliert: Die Gruppenleiter*in ist mit der Gruppe verwoben; sie wirkt kommunikativ auf die Gruppenmitglieder und umgekehrt. Heinz Kersting (1991) beschreibt diesen Prozess sehr anschaulich, ihm zufolge beobachten sich in Gruppen die Gruppenteilnehmer*innen beim Beobachten (Abb. 3).

In der zuvor beschriebenen Rechnung hinsichtlich der Kommunikationsanforderung ist noch nicht berücksichtigt, dass die Rechnung für jede Gruppenteilnehmer*in gilt und damit rein rechnerisch in einer Gruppensituation 20 × 19 × 19, also 7 220 Kommunikationsinformationen präsent sind. Wegen dieser hohen kommunikativen Komplexität sind die Gruppenmitglieder unbedingt auf Komplexitätsreduktion angewiesen. Da diese aber von jedem Gruppenmitglied individuell vorgenommen wird, lässt sich durchaus sagen, dass jedes Gruppenmitglied seine Wahrheit über die Gruppe bildet – also sein Bild davon hat, was gerade in der Gruppe passiert oder was die Gruppe eigentlich ist. (Vgl. dazu

Abb. 3

das dritte Axiom von Watzlawick: *Die Natur einer Beziehung ist durch die Interpunktionen der Kommunikationsabläufe seitens der Partner bestimmt.*) Für unsere Beispielgruppe bedeutet das, dass es pro Gruppenmitglied mindestens ein Bild der Gruppe gibt und damit über die Gruppe wenigstens 20 Sichtweisen bestehen. Es ist unbenommen, dass es hinsichtlich der Bilder natürlich auch Überschneidungen, Ähnlichkeiten und Gleichheiten geben kann, aber nicht muss. Kein Gruppenmitglied hat die einzig richtige Wahrnehmung von der Gruppe und keiner kann die Wahrnehmung der anderen voraussagen. Das Wissen um die Kontingenz des Wissens über das, was und wie die Gruppe ist, bedeutet, dass in unserem Fall 20 verschiedene Interpretationen dazu existieren, abgesehen davon, dass jedes Gruppenmitglied allein schon mehrere Deutungen haben kann.

Als nächstes möchten wir das zweite Axiom hervorheben, das folgendermaßen lautet: *Jede Kommunikation hat einen Inhalts- und einen Beziehungsaspekt, derart, dass letzterer den ersteren bestimmt und daher eine Metakommunikation ist* (Watzlawick u.a.). Dieser Aspekt ist für die Arbeit in Gruppen von großer Bedeutung. Häufig wird der Fehler gemacht, dass mit der Gruppe nur auf der Inhaltsebene gearbeitet und die Beziehungsebene dabei vernachlässigt wird. So kann etwa eine Gruppe nicht zur Gruppe zusammenwachsen, weil die ungeklärten Beziehungen den Gruppenprozess blockieren und das Zusammensein zunehmend als anstrengend wahrgenommen wird. Das Axiom bedeutet also, dass es erst dann, wenn die Beziehungen der Gruppenteilnehmer geklärt sind, möglich ist, Sachthemen zu bearbeiten.

Auch hier haben wir es wieder damit zu tun, dass Gruppen hinsichtlich der Beziehungsgestaltung hohe Anforderungen an Gruppenleiter*innen sowie an die Gruppenteilnehmer*innen stellen. In dem Beispiel der Gruppe von 20 Personen ist in der Gruppensituation jede Teilnehmer*in damit konfrontiert, dass sie mit 19 Gruppenmitgliedern Beziehung aufnimmt, deren Beziehungsangebote verarbeiten muss und darüber hinaus noch mit ihrer Beziehungsgestaltung selbst beschäftigt ist. Auch hier laufen wieder in der Begegnung in Gruppen ca. 7 000 Informationen gleichzeitig ab. Es ist also nötig, die Komplexität der Informationen zu reduzieren.

Nähe – in dem Sinne wie beim oben (2.1) erwähnten Konzept ILDIKO als Frage, wie nah man sich kommen kann und wie viel Abstand jeder braucht in der Gruppenarbeit, damit er sich ausreichend autonom bewegen kann – ist vor diesem Hintergrund, so Georg Nebel und Bernd Wolltmann-Zinngsheim (vgl. 1997: 26), das Hauptthema in Gruppen. Dabei meint Nähe natürlich nicht, dass man sich in Gruppen grundsätzlich sehr nah kommen muss, sondern dass die Gestaltung/Reflexion der Nähe und Distanz der Gruppenmitglieder untereinander und zu der Gruppenleitung eine zentrale Reflexionskategorie ist.

Für die Gestaltung der Arbeit mit Gruppen führt uns dies zu dem ersten Modell, das in der praktischen Arbeit mit Gruppen sowie für die Reflexion des Gruppengeschehens hilfreich ist, und nicht zuletzt auch dafür, sich selbst in den Blick zu nehmen – die Themenzentrierte Interaktion (TZI) (Cohn 2016).

Themenzentrierte Interaktion (TZI)

Ruth Cohn, die Autorin dieses Ansatzes, 1912 in Berlin geboren, musste 1933 in die Schweiz fliehen und wechselte 1941 in die USA. Ursprünglich war sie als Psychoanalytikerin tätig, arbeitete aber seit den 50er Jahren vorwiegend mit Gruppen. In diesem Zusammenhang entwickelte sie ihre Methode und die grundlegende Beschreibung von Gruppen, die – für sie überraschenderweise – noch niemand vor ihr formuliert hatte:

„Vier Punkte bestimmen meine Gruppenarbeit. Sie sind alle vier miteinander verbunden und gleich wichtig. Diese Punkte sind:

1. die Person, die sich selbst, den anderen und dem Thema zugewendet ist (= Ich);
2. die Gruppenmitglieder, die durch Zuwendung zum Thema und ihre Interaktion zur Gruppe werden (= Wir);
3. das Thema, die von der Gruppe behandelte Aufgabe (= Es);
4. das Umfeld, das die Gruppe beeinflusst und von der Gruppe beeinflusst wird – also die Umgebung im nächsten und im weitesten Sinn (= Globe).

Ich überlegte, daß diese vier Punkte jede *Gruppe* symbolisieren; das heißt, daß es keine Gruppe gibt, die nicht durch diese vier Punkte definiert wird. Jedoch nirgends (…) fand ich diese Definition der Gruppe. Wichtig aber war mir vor allem (…), daß die vier Punkte gleich wichtig sind. Und mit dieser Gleichgewichtigkeit von Ich – Wir – Es – und Globe war die Gruppenführung mit TZI definiert." (Cohn 1984: 343 f.)

Wir werden bei der Darstellung nur kurz auf die Themenzentrierte Interaktion selbst eingehen und sie stattdessen als ein Modell nutzen, mit dem eine spezifische Form der Komplexitätsreduktion hinsichtlich der Wahrnehmung der Gruppenmitglieder möglich ist, ohne deren Individualität zu überdecken. In dem hier beschriebenen Verständnis der Individualität der Gruppenteilnehmerinnen und Gruppenteilnehmer ist es dann auch möglich, sich als Gruppenleitung selbst in den Blick zu nehmen und die Nähe zu den Gruppenmitgliedern individuell zu gestalten.

Ausgangspunkt ist das TZI-Dreieck, das als reflexive Hintergrundfolie von Gruppenprozessen dient und in dem die Ausgewogenheit von Es, von Ich und von Wir im „Globe“ für eine konstruktive Gruppenentwicklung angestrebt wird.

Der *Globe* beschreibt das Gruppenumfeld, d.h. den Kontext, in dem sich die Gruppe befindet. Damit sind Rahmenbedingungen gemeint, von denen die Gruppenarbeit bestimmt ist und in denen sich die Arbeit mit einer Gruppe vollzieht. So ist es z.B. ein Unterschied, ob man als Fachkraft in einer Heimgruppe arbeitet oder in einer Jugendstrafanstalt eine Gruppe mit Jugendlichen leitet. Der Globe nimmt in den Blick, dass diese Rahmenbedingungen immer mitgedacht werden müssen und sich wesentlich auf den Gruppenprozess auswirken können.

Bei dem *Es* stehen Sachanliegen, Themen oder ein Projekt im Vordergrund. Hier geht es darum, dass Gruppen üblicherweise ein Sachanliegen für ihre Zusammenkunft haben. In der Arbeit mit Jugendgruppen können z.B. soziale und/oder politische Veränderungen die Triebfeder für die Zusammenkunft sein. In dem oben beschrieben Bild der Kommunikation nach Watzlawick handelt es sich hier um die Inhaltsebene der Arbeit mit Gruppen.

Mit dem *Ich* ist das Individuum, das individuelle Gruppenmitglied selbst im Blick. Es geht dabei darum, dass dessen individuelle Bedürfnisse, seine Eigenarten in der Gruppe relevant sind und im Laufe des Gruppenprozesses erscheinen. Letztlich ist jedoch entscheidend, ob das Ich einen Platz in der Gruppe findet. In dem Watzlawick'schen Modell handelt es sich um die Ich-bezogene Beziehungsebene, an die in Gruppenprozessen angeschlossen werden sollte.

Beim *Wir* steht das Beziehungsgeflecht der Gruppenteilnehmer*innen untereinander im Zentrum. Es geht um das Zusammengehörigkeitsgefühl, das Gemeinschaftsgefühl und das gemeinsame Gruppenerlebnis. Die Zeit und Energie, die zur Gestaltung der zwischenmenschlichen Beziehungen, zur Förderung des Wohlbefindens über die Gruppensitzung hinaus, genutzt wird, bestimmt ganz wesentlich das Wir-Gefühl. Gruppe ist hier eine Ressource, dadurch, dass die Gruppenmitglieder für andere Gruppenmitglieder erwartbare Rollen einnehmen und die Gruppe von gemeinsam geteilten Werten, Normen und Ideen getragen ist. In diesem Fall haben wir es mit der Wir-bezogenen Beziehungsebene im Modell von Watzlawick zu tun, an die in Gruppenprozessen ebenfalls angeschlossen werden sollte.

Abb. 4

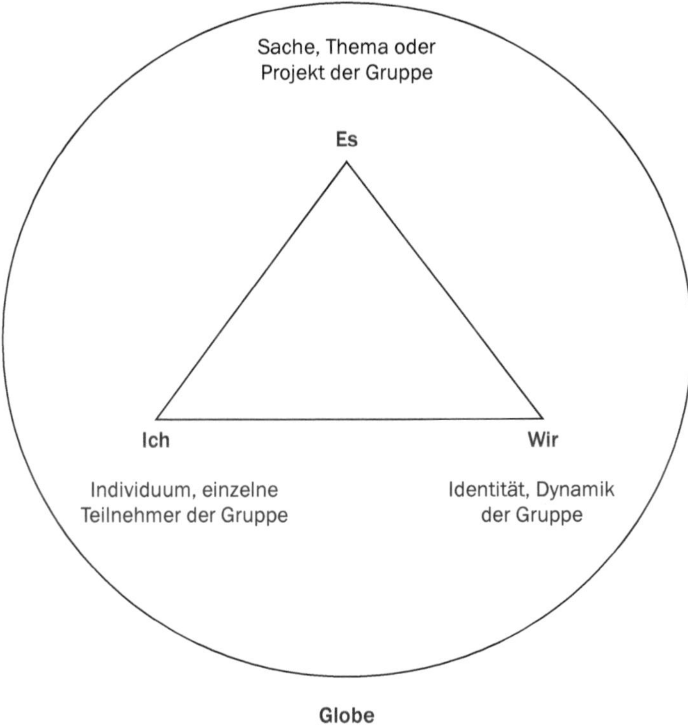

Wie bereits angekündigt, möchten wir das TZI-Modell in abgewandelter Form als Reflexionsfolie nutzen, um im Gruppenprozess die Individualität der Gruppenteilnehmer*innen in den Blick zu nehmen und zugleich die hohe Komplexität dieser Aufgabe angemessen zu reduzieren.

Ganz grundsätzlich gilt, wenn man den Globe als einen Kontext interpretiert, in dem sich die Arbeit mit der Gruppe vollzieht, dass sich je nach Kontext (Globe) nur Bestimmtes in der Arbeit mit Gruppen thematisieren lässt und anderes nicht. So ist z. B. im Kontext der Schule die Thematisierung von Lernstoff möglich und erwartet, aber genau die gleiche lernstofforientierte Gruppenzusammenkunft ist in einer Heimgruppe wiederum eher irritierend und nicht möglich. Diese Schwierigkeit lässt sich aus den unterschiedlichen Kontexten (Globes), in denen die Gruppen zusammentreffen, erklären. Denn der jeweilige Ort und die Organisation können so bestimmend sein, dass es selbst in Fällen, in denen es sich um dieselbe Gruppenleitung und dieselben Gruppenmitglieder handelt, tendenziell nicht möglich ist, die gleichen Themen zu bearbeiten – also einfach den Zweck und die Themen der Gruppenzusammenkunft zu wechseln. Hierzu lassen sich dann verschiedene Fragen stellen, wie z. B.

1. Was ist die Aufgabe der Organisation, in deren Kontext die Gruppenarbeit vollzogen wird?
2. Welche räumlichen Voraussetzungen sind gegeben?
3. Welche expliziten und impliziten Ziele verfolgt die Arbeit mit der Gruppe?
4. Welche Erwartungen werden von außen an die Gruppe herangetragen, z. B. vom Jugendamt, von den Eltern, von der Leitung?

Die dargestellten Reflexionsfragen bezüglich des Globes entwickeln ihre Bedeutung nicht nur daraus, dass es möglich ist, die Rahmenbedingungen in den Blick zu nehmen: Sie tragen ferner dazu bei, unzureichende Rahmenbedingungen für eine adäquate Arbeit mit Gruppen zu erkennen. Fachkräfte haben dann die Aufgabe, geeignete Rahmenbedingungen herzustellen, oder wenn das nicht möglich ist, genauer zu formulieren, welche Form der Gruppenarbeit unter den gegebenen Rahmenbedingungen ansatzweise funktionieren könnte.

Weiterhin sollen die Begriffe „Es“, „Ich“ und „Wir“ für die Reflexion der Individualität der Gruppenteilnehmer*innen und letztlich der Gruppenleitung selbst zugänglich gemacht werden. Dabei geht es darum, die gruppenpädagogischen Regeln: „Die Gruppe da abholen, wo sie steht“ und „Individualisierung in Gruppen“ (Geißler & Hege 2007; vgl. Kap. 3.1) zu konkretisieren.

Das „Es“ bezieht sich auf das Sachthema der Gruppe. Wenn wir das Sachthema der Gruppe nun für eine individualisierte Perspektive der Gruppe und der Gruppenleitung öffnen, wird deutlich, dass es ein bestimmtes Sachthema einer ganzen Gruppe vermutlich nur theoretisch gibt und stattdessen jede Gruppenbeteiligte ihr eigenes Sachthema mit in eine Gruppe bringt bzw. andere Bedeutungsanteile und Notwendigkeiten im Sachthema sieht.

Beispiel

Die Besprechung eines Putzplanes in einer Heimgruppe ist für die Gruppenleitung eine Pflicht, die sich aus der Aufgabe der Organisation ergibt (Globe), und gleichzeitig ein notwendiges pädagogisches Anliegen einer adäquaten Selbstständigkeitsentwicklung der in der Gruppe lebenden Jugendlichen (Sachthema). Für die in der Heimgruppe lebenden Jugendlichen kann das Sachthema Putzplan aber mit komplett anderen Bedeutungen verbunden sein, wie z. B. Mädchenarbeit, die ich als Junge vermeiden muss, übertriebene Pedanterie der Fachkräfte, Ekel, den Dreck von anderen beseitigen zu müssen, Freude darüber, an einem sauberen Ort zu wohnen, ein Lernprozess hinsichtlich der Haushaltsführung usw. Die Wahrnehmung der hier dargestellten unterschiedlichen Sichtweisen auf dieses Sachthema ist für das weitere Aushandeln des betreffenden Sachthemas (in dem Falle der Putzplan) in der Arbeit mit Gruppen elementar. Denn im Prozess der Gruppenarbeit ist es anzustreben, das Sachthema so offen zu halten, dass alle Gruppenbeteiligten ihre Bedeutungsinhalte im Sachthema wiederfinden. Von diesem Punkt aus ist dann auch für die verschiedenen Gruppenmitglieder eine Entwicklung im sozialpädagogischen Sinne möglich. Bezogen auf unser Beispiel öffnet ein solches Vorgehen möglicherweise den Raum für den Jungen, für den Putzen zunächst Mädchenarbeit ist, sich in einen Lernprozess zu begeben, an dessen Ende sich Putzen als eine Möglichkeit der eigenen Haushaltsführung darstellt.

Das „Ich“ bezieht sich auf das Individuum und öffnet den Blick auf die persönlichen und biografisch geprägten Eigenschaften jeder Gruppenteilnehmer*in und natürlich auf die Gruppenleitung selbst. Damit geht es für die Gruppenleitung darum, möglichst viel von den Gruppenbeteiligten wahrzunehmen und sie vor allem in ihren Persönlichkeiten zu akzeptieren.

Mit dem „Wir" ist die Identität und Dynamik der Gruppe gemeint; sie soll aber hier etwas weiter verstanden werden, nämlich als Identität und Gruppenerfahrung. Zum einen ist es zunächst so, dass bei einem ersten Treffen einer Gruppe oder bei häufigem Wechsel von Mitgliedern davon auszugehen ist, dass zunächst keine Gruppenidentität vorhanden ist, sondern diese erst im Laufe des Gruppenprozesses entstehen kann (zu diesem entwicklungsbezogenen Aspekt von Gruppen vgl. den Abschnitt „Developmental-Modell" unten). Nichtsdestoweniger steht aber die Frage des „Wer sind wir?" in jeder Gruppensituation sofort im Raum. Auch das „Wir" ist in Gruppen von den Gruppenteilnehmerinnen und Gruppenteilnehmern sowie der Gruppenleitung selbst mehrfach bzw. unterschiedlich belegt. Denn auch hier ist es wieder der Fall, dass zunächst jedes einzelne Gruppenmitglied seine Vorstellung von der Gruppenidentität an die Gruppe hat. Und auch in diesem Fall ist eine von der Gruppe getragene Wir-Identität eher etwas, das im Laufe des Gruppenprozesses (vgl. das im Anschluss vorgestellte Developmental-Modell) entsteht, und nicht etwas, das mit dem ersten Zusammentreffen bereits vorhanden ist. Die Frage, die in diesem Zusammenhang in der Arbeit mit Gruppen von hoher Relevanz ist, lautet: Was ist die Gruppe für mich?

Neben dieser gruppenbezogenen Wir-Identifikation ist unter dieser Perspektive aber noch von hoher Relevanz, welche Gruppenerfahrungen die Gruppenmitglieder und die Gruppenleitung bereits in anderen Gruppen gemacht haben. Wenn man berücksichtigt, dass sich Sozialisation gruppenbezogen vollzieht, präsentieren Gruppenbeteiligte immer auch ihre vorhergehenden Beziehungs- und Gruppenerfahrungen, bzw. ihre Erfahrungen mit Bindungspersonen und Geschwistern. Wir zeigen daher in Gruppen auch unser ansozialisiertes Gruppenverhalten und sind somit nur in unserem – sozialisierten Rahmen – in Gruppen handlungsfähig. Das bedeutet für die Arbeit mit Gruppen unterschiedliches: Zum einen ist eine wesentliche Aufgabe unter dieser Perspektive, dass die Gruppenteilnehmerinnen und Gruppenteilnehmer sich innerhalb ihres möglichen Gruppenverhaltens zeigen können und dafür wertgeschätzt werden sollten. Zum anderen ist es aber auch eine wesentliche Aufgabe in der Arbeit mit Gruppen in sozialpädagogischen Kontexten, dass es den Beteiligten mit der Zeit möglich wird, ihr ansozialisiertes Gruppenverhalten in einem konstruktiven Sinn – also zu ihrem persönlichen Gewinn – zu erweitern. Gruppenarbeit kann und sollte somit auch neue Entwicklungsoptionen ermöglichen.

Developmental-Modell

Nebel und Woltmann-Zingshain (1997) heben die besondere Bedeutung von Zeit in der Arbeit mit Gruppen hervor und differenzieren in synchrone und diachrone Zeit. In Gruppen sind in diesem Bild wenigstens zwei Zeiten präsent, die in der Arbeit mit Gruppen reflektiert und berücksichtigt werden müssen. Die synchrone Zeit ist die Zeit im hier und jetzt und sie bezieht sich darauf, was gegenwärtig in einer Gruppe geschieht. Neben der synchronen Zeit können Gruppen aber auch in einem diachronen Zeitverständnis gesehen werden, das etwas vereinfacht als der Gruppenentwicklungszeitraum verstanden werden kann. Das bedeutet z. B., dass eine Gruppe, die sich gerade zum ersten Mal getroffen hat, i. d. R. nicht in der Lage ist, anspruchsvolle Aufgaben zu bewältigen, weil die Gruppenbeteiligten sich noch nicht ausreichend einschätzen können und Gruppen in solch frühen Stadien ihrer Entstehung oft noch nicht so leistungsfähig sind. Das bedeutet, dass ein und dieselbe Aufgabe zu unterschiedlichen Zeitpunkten der diachronen Zeit unterschiedlich gut zu bewältigen ist.

Ein Modell, das die diachrone Zeit abbildet, ist das Developmental-Modell (Nebel & Woltmann-Zingshain 1997). Gemäß diesem Modell ist nach Garland, Jones und Kolodny (1969: 57 ff.) die Entwicklung von Gruppen in fünf idealtypische Gruppenphasen einteilbar:

1. Orientierungsphase, Voranschluss (Forming)
2. Übergangsphase, Machtkampf und Kontrolle (Storming)
3. Vertrautheitsphase, Intimität, Beziehung (Norming)

4. Entwicklungsphase, Differenzierung (Performing)
5. Trennung, Ablösung (Adjourning)

Anhand der beobachteten Entwicklungsstufe einer Gruppe können Überlegungen zur Gruppenentwicklung, zu angestrebten und möglicherweise anzustrebenden Veränderungen der Gruppe, zu einzelnen Gruppenmitgliedern und zu möglichen Handlungsweisen der Gruppenleitung erfolgen. Ziel dabei ist es, tragfähige Beziehungen der Gruppenteilnehmer*innen untereinander und eine erfolgreiche Zusammenarbeit zu ermöglichen sowie die gesetzten Aufgaben bestmöglich umzusetzen. Die Aufgabe der Gruppenleiter*in ist in diesem Modell, dafür zu sorgen, dass die einzelnen Entwicklungsstufen möglichst zügig erreicht werden, um optimal arbeiten und lernen zu können. Kersting und Krapohl (vgl. 1997: 362 ff.) benennen folgende *Aufgaben der Gruppe, diagnostische Kennzeichen,* an denen man den Status der Gruppe erkennen kann, sowie *Interventionsmöglichkeiten der Gruppenleitung* in den einzelnen Gruppenphasen:

Zu 1): In der ersten Phase, in der die Gruppe sich orientieren und finden muss, stellt sich die Aufgabe, Probleme der Gruppenzusammensetzung zu lösen und erste Ziele für die Gruppe zu formulieren.

Dass sich eine Gruppe in dieser Phase des „Forming" befindet, lässt sich daran erkennen, dass die Teilnehmer*innen die Situation, die anderen Gruppenmitglieder und die Leiter*in testen und erforschen. Die Nähe-Distanz-Thematik ist in dieser Phase häufig präsent, es lassen sich Zu- und Abwendungstendenzen unter den Teilnehmer*innen beobachten. Sie sind stark auf sich selbst bezogen und suchen keine enge Bindung zur Leitung oder anderen Mitgliedern der Gruppe, sie suchen Schutz, riskieren also noch wenig, halten aber Ausschau nach Möglichkeiten, sich zu engagieren. Dabei nutzen sie ihre gewohnten Kommunikationsmuster und halten Ausschau nach Signalen anderer, die ihnen zeigen, dass sie in der Gruppe willkommen sind. In dieser Phase bezeichnen Kersting und Krapohl dieses Gebilde als eine Ansammlung von Menschen, die noch keine Gruppe ist.

Aufgabe der Gruppenleitung in dieser Phase ist es, einerseits das Erforschen der Teilnehmer*innen zu ermöglichen, indem sie sich in die Atmosphäre einfügt und sowohl räumliche wie auch psychosoziale Distanz ermöglicht. Die Leiter*in muss dafür sorgen, dass die Gruppe sich eine anfängliche (Programm-)Struktur gibt, wobei die emotionale Klärung wichtiger ist als die Bewältigung von Sachaufgaben. Sie sollte sich einzelnen Teilnehmer*innen zuwenden, diese bestätigen und ihnen Anerkennung geben. Die Leiter*in sollte sich einbringen, und als Person zeigen und darüber Auskunft geben, was von der Gruppe erwartet werden kann.

Zu 2): In der Übergangsphase geht es um die Kontraktklärung und die Absprache von Zielen und Lernzielen der Gruppenteilnehmer*innen. Die Gruppe steht vor der Aufgabe, die drei zu erwartenden Hauptprobleme zu lösen: die Rebellion und den Kampf um Autonomie, die normative Krise (die Wahrscheinlichkeit, dass Mitglieder die Gruppe verlassen, ist in dieser Gruppenphase am höchsten) sowie den Schutz und die Stützung einzelner Gruppenmitglieder.

Wenn eine Gruppe in die Phase des „Storming“ eintritt, macht dies sich u. a. daran bemerkbar, dass es vermehrt zu emotionalen Reaktionen kommt, dass Macht und Positionskämpfe auftreten, die sich gegen andere Mitglieder, aber auch gegen die Leitung richten können. Dabei geht es vor allem um Einfluss und Status in der Gruppe, es kann Widerstand gegen die Leitung geben und in manchen Gruppen bilden sich in dieser Phase rivalisierende Untergruppen oder die Suche nach einem Sündenbock. Die Ansammlung ist in dieser Phase eine Gruppe im Werden.

Die Leitung sollte in dieser Phase Autonomiebestrebungen und Rebellion zulassen und anerkennen, dass Machtkämpfe notwendig für die Gruppenentwicklung sind. Konformitätszwang ist zu vermeiden und einzelne Gruppenmitglieder sollten bei Bedarf von der Leitung geschützt werden. Diese sollte sich aus den Machtkämpfen zwischen den Gruppenmitgliedern heraushalten, aber die eigene Position klarstellen. Alle Machtfragen sowie Prozesse, in denen Sündenböcke kreiert werden, werden in der Reflexion der Gruppe besprochen. Dort wird auch auf Analogien zwischen der Gruppe und Situationen außerhalb der Gruppe hingewiesen und damit die Gruppe als Übungsraum erkennbar gemacht.

Zu 3): In der Vertrautheitsphase (Norming) liegen die zentralen Aufgaben in der emotionalen Beziehungsabklärung, es müssen Entscheidungen getroffen und Konflikte bewältigt werden.

In dieser Phase wird das persönliche Engagement der Gruppenmitglieder größer, sie sind bereit, in die Gruppe zu investieren, da die Gruppe ihnen etwas bedeutet. Sie werden offener, Gefühle gegenüber anderen Mitgliedern und der Leitung zu äußern. Rivalitäten untereinander lassen sich ausmachen und sind emotional gefärbt. Es gibt Gruppennormen, auf deren Einhaltung die Mitglieder bestehen, d.h. die Ansammlung will eine Gruppe sein.

Für die Leitung stellt sich in dieser Phase die Aufgabe, emotional aufgeladene Situationen zu strukturieren, Konfliktlösungen anzuregen oder sich daran zu beteiligen und bei Klärungsprozessen und Entscheidungsprozessen in der Gruppe zu helfen.

Zu 4): In der Phase des „Performing" ist die Gruppe auf der Höhe ihrer Leistungsfähigkeit und es kommt darauf an, die Aufgaben der Gruppe zu lösen und effizient miteinander zu arbeiten.

Man erkennt diese Phase daran, dass die Teilnehmer*innen sich untereinander akzeptieren und zur Zusammenarbeit bereit sind. Die Zuschreibung und Übernahme von Rollen ist funktional und zunehmend flexibel. Die Gruppenmitglieder, die Konstellation und die Aufgaben werden realitätsbezogen eingeschätzt, die Ambiguitätstoleranz ist stärker ausgeprägt und die Kommunikations- und Kooperationsbereitschaft befindet sich auf einem hohen Niveau. Insgesamt hat die Gruppe eine eigene Identität und kann für die Mitglieder zur Bezugsgruppe werden.

Für die Leitung der Gruppe stellt sich in dieser Phase die Aufgabe, die Gruppe als autonome Einheit zu stärken, Informationen zu geben und mit der Gruppe Hilfsquellen zu erschließen. In der Reflexion sollen Transferchancen über die konkrete Gruppenerfahrung hinaus für andere Lebensbereiche erkannt werden.

In den vorangegangenen Ausführungen erscheint es so, als befänden sich alle Gruppenmitglieder in derselben Entwicklungsstufe. Dies ist allerdings nur der Idealfall. Wenn wir die diachrone Zeit, die wir bisher auf die gesamte Gruppe bezogen haben, individualisieren, dann lässt sich festhalten, dass in Gruppenprozessen darauf geachtet werden muss, ob sich die Gruppenbeteiligten in denselben Entwicklungsstufen befinden. Genauer betrachtet befinden sie sich in ihren individualisierten diachronen Zeiten (Entwicklungsstufen). Erschwerend kommt hinzu, dass die Entwicklungsstufen nicht linear verlaufen, sondern gruppenbezogen und individuell einem zirkulären Muster (vgl. Nebel & Wolmann-Zingsheim 1997: 27) folgen. In Gruppen können daher alle Entwicklungsstufen zugleich präsent sein. Dann ist es bereits eine – mitunter notwendige – Komplexitätsreduktion, in einer Gruppe eine einzelne Phase des Gruppenprozesses als die gerade bestimmende anzusehen. Die Berücksichtigung von synchroner und diachroner Zeitstruktur und deren individuellen und gruppenbezogenen Relevanz ist ein wesentliches Element in der Leitung von Gruppen, um einen Blick auf die Gruppen- und Einzeldynamiken zu bekommen.

2.1.2 Gruppenstruktur

Ein gutes Modell, um Gruppenstrukturen zu verdeutlichen, ist nach Stahl (2012: 224 ff.) das Riemann-Thomann-Kreuz mit seinen beiden Dimensionen Abgegrenztheit und Berechenbarkeit. Die Dimension der Abgegrenztheit bewegt sich zwischen den Polen Nähe und Distanz, die der Berechenbarkeit zwischen den Polen Dauer und Wechsel. Diese vier Pole entsprechen den vier menschlichen Grundströmungen, wie sie von Fritz Riemann in seiner klassischen und sehr gut lesbaren tiefenpsychologischen Beschreibung vier „Grundformen der Angst" (Riemann 2017) verwendet werden (Abb. 5).

Der Pol „Nähe" entspricht den Wünschen und Bedürfnissen nach Harmonie, emotionalem Miteinander, Zärtlichkeit und Geselligkeit. Der entgegengesetzte Pol „Distanz" drückt hingegen

Abb. 5

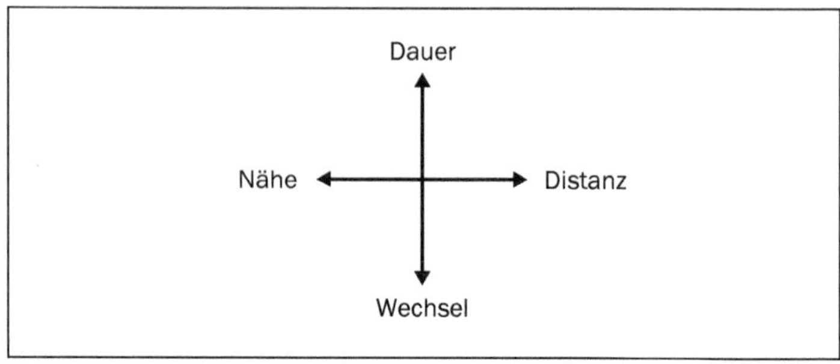

den Wunsch nach Unabhängigkeit und Freiheit aus. Der Pol „Dauer“ umfasst alle Sicherheits-, Ordnungs- und Kontrollbedürfnisse, während der entgegengesetzte Pol „Wechsel“ die Wünsche nach Veränderung, Lebendigkeit, Unvorhersehbarkeit und Spontanität umschließt. „Bei der Arbeit mit Gruppen helfen die vier Grundströmungen dabei, die persönlichen Zielpools der Mitglieder grob zu beschreiben (…) Verfolgt ein Mitglied eher Ziele, die Nähe oder Distanz fordern und fördern? Bewegt er sich mit seinen Zielen eher auf die Werte und Prinzipien von Dauer oder Wechsel hin?“ (Stahl 2012: 230). Stahl nutzt das Riemann-Thomann-Kreuz auch als eine Art Kompass, um die Struktur des Miteinanders der jeweiligen Gruppe zu erfassen und um unterschiedliche Gruppentypen voneinander zu differenzieren. In diesem Zusammenhang werden vier idealtypische Formen von Gruppen unterschieden:

1. *Gemeinschaft:* Diese Gruppenform bewegt sich vor allem zwischen den Polen Nähe und Dauer, d.h. sie zeichnet sich durch ein starkes Zusammengehörigkeitsgefühl, emotionale Nähe, Stabilität und Sicherheit aus; in diesen Gruppen werden individuelle und abweichende Bedürfnisse eher als störend und bedrohlich empfunden; viele Sekten kommen dieser idealtypischen Gruppenform recht nahe.
2. *Truppe:* Diese Gruppenform ist zwischen den Polen Dauer und Distanz angesiedelt, d.h. auch in dieser Gruppenform

spielt Stabilität und Sicherheit eine große Rolle aber gepaart mit Nüchternheit, Leistungsbereitschaft und Abgrenzungsfähigkeit. Zu diesem Gruppentyp gehören z. B. Sportvereine oder – wie der Name schon sagt – militärische Vereinigungen.

3. *Team:* Dieser Gruppentyp befindet sich zwischen den Polen Nähe und Wechsel, einen großen Wert haben Spontanität und Freude an Veränderungen aber ebenso zwischenmenschliche Wärme und Zuneigung. Bei diesem Gruppentyp sind manchmal Abgrenzungs- und Rückzugsbedürfnisse Einzelner schwierig sowie auch das Aufstellen verbindlicher Regeln.
4. Der letzte Gruppentyp wird als *Haufen* bezeichnet und bewegt sich zwischen den Polen Distanz und Wechsel. Bei diesem Gruppentyp mischen sich Unverbindlichkeit und Abgegrenztheit. Die individuelle Freiheit gilt mehr als ein Gemeinschaftsgefühl. Die Auflösungsgefahr einer solchen Gruppe ist relativ hoch, Synergieeffekte geschehen eher zufällig. Dieser Gruppentyp ist relativ häufig im Zwangskontext anzufinden.

Abb. 6

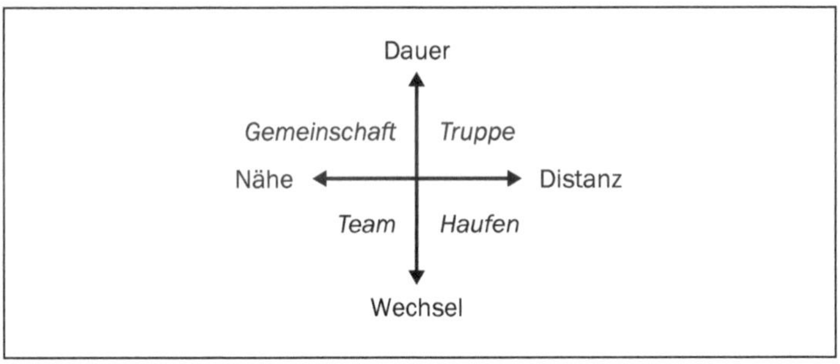

Die Beschäftigung und Auseinandersetzung mit der Gruppenstruktur sind hilfreich, um die strukturellen Bedingungen des Auftretens von spezifischer Gruppendynamik schneller und besser zu verstehen sowie einordnen zu können.

2.1.3 Soziale Rollen in Gruppen

Viele Gruppen verfügen über gut definierte soziale Rollen, wobei die ersten biografisch relevanten Rollen innerhalb der Familie übernommen werden. In einer Familie, in der es mehrere Kinder gibt, übernehmen diese beispielsweise in der Regel unterschiedliche Rollen. Geschwisterbeziehungen werden ebenso wie Eltern-Kind-Beziehungen als Primärbeziehungen bezeichnet, die im Gegensatz zu der Beziehung zu den Eltern oder anderen Erwachsenen eher horizontal und symmetrisch angesiedelt sind (vgl. Frick 2004 und Kap. 1.2). Die Beziehungen in sozialen Gruppen, die nicht hierarchisch organisiert sind, sind oftmals davon geprägt, welches Verhältnis wir zu unseren Geschwistern hatten bzw. welche Rolle wir unter den Geschwistern eingenommen haben (vgl. dazu Kap. 1.4). Insbesondere der Umgang mit Rivalität, Neid und Konkurrenz in Gruppen ist von diesem Verhältnis geprägt (vgl. Cierpka 2001).

Rollen ganz allgemein dienen der näheren Bestimmung, wie sich einzelne Menschen, die eine bestimmte Position innerhalb der Gruppe haben, verhalten sollen oder wollen. Stahl (2012) erläutert, wie Rollenzuschreibungen und -übernahmen die Komplexität im Gruppengeschehen reduzieren und es so übersichtlicher machen: „Rollenverteilung (…) verleiht den Einzelnen eine personale Identität, sie macht die Kommunikation untereinander berechenbarer, sie sorgt für die Stabilität des Gruppenfeldes und sie ermöglicht es, abstrakte Gruppenthemen zu personalisieren“ (Stahl 2012: 297). Rollen können insofern hilfreich sein, weil jeder weiß, was er von dem anderen erwartet und zu erwarten hat. Stahl (2012) unterscheidet zwischen Geschlechtsrollen, Familienrollen, Berufsrollen, kulturellen Rollen, hierarchischen Rollen, funktionalen Rollen, psychologischen und gruppendynamischen Rollen. Auf die beiden letzten geht er näher ein: „Psychologische Rollen sind Rollen, bei denen das mit ihnen in Verbindung gebrachte Verhaltensrepertoire aus einer psychologischen Veranlagung heraus erklärt und verstanden wird: Streber, Clown, Hans im Glück, Prinzessin, Nesthäkchen usw.“ (301). Stahl beschreibt noch mehr solcher Rollen, denen er auch bestimmte Themen zuordnet, die diese immer wieder im Gruppengeschehen zum Ausdruck bringen. Er beschreibt beispielsweise die Rolle des Gerechten, der sich immer dazu aufgerufen fühlt, für Ausgleich zu sorgen und gegen tatsächliche oder vermeintliche Ungerechtigkeit aufzubegehren oder aber die Rolle des chronischen Versagers, der immer an die Rücksichtnahme der anderen appelliert und das Thema des Scheiterns in einer Gruppe deutlich macht. Natürlich sind diese Rollen nie absolut und werden selten in Reinform verkörpert, aber es ist interessant zu beobachten, wie in sozialen Gruppen immer wieder ähnliche Rollen besetzt und ausgefüllt werden.

Übung

Überlegen Sie, welche psychologische Rolle Sie in Ihrer Familie, Ihrer Grundschule, Ihrer weiterführenden Schule und im Rahmen Ihrer Ausbildung eingenommen haben. Welche Rollen haben z. B. Ihre Geschwister, Ihre besten Freunde eingenommen, und wie würden Sie die Wechselwirkung und Dynamik zwischen den einzelnen Rollen beschreiben?

Gruppendynamische Rollen zeichnen sich nach Stahl (2012) hingegen eher dadurch aus, dass sie auf ihren Einfluss auf das sachliche und beziehungsmäßige Gruppengeschehen hinweisen, z. B. die Rolle des Führers, des Mitläufers oder die des Skeptikers. Bekannt ist auch die Rolle des Sündenbocks. Dieses Phänomen beschreibt die Tendenz von Individuen, die frustriert oder unglücklich sind, ihre Aggressionen auf solche Individuen oder auch Gruppen zu schieben, die nicht gemocht werden, sichtbar und relativ machtlos sind (vgl. Aronson, Wilson & Akert 2008: 448).

Eines der berühmtesten sozialpsychologischen Experimente hinsichtlich der Übernahme von Rollen ist das Stanford-Prison-Experiment von Haney, Banks und Zimbardo von 1973, das – für 14 Tage geplant – nach 6 Tagen abgebrochen werden musste. In diesem Experiment wurde eine Gefängnissituation fingiert und willkürlich die Rollen der Gefangenen und der Gefängnisaufseher verteilt. Viel schneller, als die Forscher erwartet hatten, wurden die Gefängnisaufseher verbal ausfallend und demütigend, während die Gefangenen immer depressiver und ängstlicher wurden. Der Film „Das Experiment“ von Oliver Hirschbiegel aus dem Jahr 2001 baut auf dem Stanford-Prison-Experiment auf. Anhand dieses Beispiels wird deutlich, dass bei der Übernahme von Rollen z. T. die Identifikation so groß wird, dass sie andere Teile der Identität und Persönlichkeit überlagert, wie es z. B. auch immer wieder bei Misshandlungen von Gefangenen in Kriegssituationen geschieht.

2.2 Leiten, Führen und Moderation von Gruppen

In ihren Anfängen hat sich die Gruppenforschung vielfach mit Führungsstilen und deren Effizienz befasst sowie mit Persönlichkeitsmerkmalen von Leiter*innen und deren Auswirkungen auf die Gruppe. Effizienz wurde dabei weitgehend mit dem Ergebnis der Aufgabenerfüllung einer Gruppe gleichgesetzt, was heißt, dass es dabei mehr um das Es ging als um die Entwicklung des Einzelnen (Ich) und der Gruppe (Wir). Die Ergebnisse dieser Forschung fanden deshalb stärkeres Interesse im Bereich von Arbeitsgruppen und Management, weniger im Bereich Sozialer Gruppenarbeit. In den Anfängen der Forschung wurde zwischen drei Führungsstilen unterschieden, dem autoritären, dem demokratischen und dem laissez-fairen Stil, wobei der demokratische Stil als der effizienteste galt.

Bezüglich der Führung von Gruppen wurde festgestellt, dass nur wenige Persönlichkeitsmerkmale mit der Effektivität von Führung korrelieren. Eine der immer noch bekanntesten Führungstheorien ist die des Fiedler’schen Kontingenzmodells von Führung (Fiedler 1967/1987, zit. nach Aronson, Wilson & Akert 2008: 296). Fiedler unterscheidet zwischen aufgaben- und beziehungsorientierten Führer*innen. Aufgabenorientierten Führungspersonen kommt es vor allem auf das Fertigstellen der Aufgabe an, während es beziehungsorientierten Leiter*innen vor allem um die Gefühle und Beziehungen der Mitarbeiter*innen geht. Keine dieser beiden Arten von Führung – so Fiedler – ist grundsätzlich erfolgreicher als die andere, der Erfolg hängt stark vom Ausmaß der Kontrolle und des Einflusses ab, über das die Leiter*in der Gruppe verfügt. Aufgabenorientierte Führer*innen arbeiten am besten in Situationen mit sehr hohem oder sehr niedrigem Kontrollgrad, beziehungsorientierte Leitungspersonen sind hingegen am erfolgreichsten bei mittlerem Kontrollgrad.

Klassische Theorien zur Gruppenleitung – so lassen sich diese kurzen Ausführungen zu klassischen und in der Regel auf Effizienz ausgerichteten Steuerung von Gruppen zusammenfassen – stellen nur wenig brauchbare Informationen zur Verfügung, wie eine gute Gruppenleiter*in in der Erziehungshilfe sein und über welche Merkmale und Fertigkeiten sie verfügen sollte. Doch gemäß dem Ansatz der TZI müssen Inhaber*innen von Leitungspositionen in Gruppenpädagogik und Gruppenarbeit mit zahlreichen Ambivalenzen umgehen.

Der Begriff Pädagogik legt nahe, dass es verantwortliche Pädagog*innen gibt, die Lernprozesse initiieren, steuern und/oder kontrollieren. In der Heimerziehung gibt es häufig das Einstellungskriterium Durchsetzungsfähigkeit. Daraus spricht die Erwartung, dass Mitarbeiter*innen z.B. Gruppenregeln in Konflikten auch gegen den Widerstand einzelner Kinder und Jugendlicher oder auch der gesamten Gruppe durchsetzen können, also die Gruppensituation unter Kontrolle haben und gezielt beeinflussen können.

Gleichzeitig ist bekannt, dass Gruppensituationen häufig nicht kontrollierbar sind und dass es ein Merkmal gelingender Gruppenarbeit und Gruppenpädagogik ist, Selbststeuerungsprozesse in der Gruppe zu fördern oder wenigstens zuzulassen. Wenn wir aus praktischen Gründen Begriffe wie Steuerung im Zusammenhang mit Gruppen und Gruppenprozessen verwenden, so meint dies nicht lineare Steuerung von Gruppen oder Manipulation von Gruppenprozessen, sondern pädagogische Anstrengungen unter Beteiligung und Berücksichtigung der Perspektiven der Adressat*innen.

Behnisch, Lotz und Maierhof (2013) beschreiben den von ihnen favorisierten partizipativen Leitungsstil im Spannungsfeld von persönlichem Miterleben und fachlicher Distanz. Für sie sind die wesentlichen Merkmale einer pädagogischen Haltung Prägnanz, Achtsamkeit und selektive Authentizität. „Unter pädagogischer Achtsamkeit verstehen wir (...) die situationsbezogene Fähigkeit, aus einer mitfühlenden und wertschätzenden Einstellung heraus Vorstellungen und Impulse für das Handeln zu gewinnen" (135 f.).

Für die Soziale Gruppenarbeit hat sich weitgehend ein Verständnis von Gruppenleitung durchgesetzt, das sich an dem oben (Kap. 2.2) bereits als Reflexionsfolie angeführte Modell der Themenzentrierten Interaktion (TZI) orientiert. Im Konzept der TZI (vgl. Cohn 1984) werden Axiome, Postulate und Hilfsregeln als Voraussetzungen humanistischen, therapeutischen und pädagogischen Handelns formuliert (vgl. Schmidt-Grunert 2009: 219 ff.). Die drei Axiome beschreiben

- erstens den Menschen als psychobiologische Einheit, die mit dem Bewusstsein der Interdependenz in eigenständig lebt und entscheidet (Autonomie),
- gebieten zweitens Ehrfurcht gegenüber allem Lebendigen (Wertschätzung).
- Das dritte Axiom besagt, dass freie Entscheidung innerhalb bedingender innerer und äußerer Grenzen geschieht und dass die Erweiterung der Grenzen möglich ist.

Diese drei Cohn'schen *Axiome* (ebd.: 21) orientieren sich an dem Menschenbild der humanistischen Psychologie und sehen den Menschen als ein eigenständiges, in Wechselbeziehung stehendes, wachstumsfähiges und -williges Wesen, das über sich selbst entscheiden kann und dem in seiner Individualität Respekt gebührt. Damit wird die Individualität des Menschen im Verhältnis zur Gruppe gestärkt, nicht zuletzt um dem Menschen keinen Kollektivgeist überzustülpen, sondern um die Gruppe als einen Ort des individuellen Wachstums der Gruppenteilnehmer*innen zu verstehen.

Die *Postulate* (ebd.: 214 f.) heben die Verantwortung des Einzelnen hervor und speisen sie zugleich in den Prozess der Gruppengestaltung ein. Im ersten Postulat: „Sei dein eigener Chairman" wird die Verantwortung dafür, was die Gruppenteilnehmer*innen sagen und tun (was und wie sie kommunizieren), von der Verantwortung der Gruppenleitung weg in die Hände der Teilnehmer*innen selbst gelegt. Das heißt, jede Gruppenteilnehmer*in entscheidet und verantwortet selbst, was sie wann und wie sagt und trägt dafür auch die Verantwortung. Das zweite Postulat: „Störungen haben Vorrang“ kann als ein konstruktiver Umgang mit unterschiedlichen Exit-Strategien der Gruppenmitglieder verstanden werden. Wenn ein Gruppenmitglied sich – in was auch immer – gestört fühlt, dann sollte es als sein eigener Chairman entscheiden, ob es in der Gruppe thematisiert wird. Wenn es thematisiert wird, wird die Störung zum Gruppenthema. Damit soll vermieden werden, dass die Störung dazu führt, dass ein Gruppenmitglied die Gruppe psychisch oder physisch verlässt (Exit), sondern mit der Störungsanmerkung das Gegenteil eines Exits vollzogen wird, was bedeutet, dass das Exit-Thema zum Mittelpunkt der Gruppe und somit zum Thema aller Gruppenmitglieder wird.

Die *Hilfsregeln* (ebd.: 216f.) sind ein Regelwerk, das aus neun Punkten besteht, die zum einen als Verhaltenskonkretisierungen der Postulate verstanden werden können, etwa die Regel: Vertritt dich selbst in deinen Aussagen; sprich per „Ich“ und nicht per „Wir“ oder „Man“. (1)

Gleichzeitig gehören Regeln dazu, die auf achtsamen Umgang mit sich und den anderen abzielen: „Wenn du eine Frage stellst, sage, warum du fragst und was deine Frage für dich bedeutet.“ (2), und (10): „Beachte die Körpersignale! Beobachte eigene und fremde Körpersignale.“

Wichtig ist also in diesem Zusammenhang, dass Gruppenpädagogik und Soziale Gruppenarbeit nicht einfach als angewandtes Wissen über Gruppenprozesse und Gruppenstrukturen verstanden werden sollten. Erst die Reflexion über die konkrete Dynamik in der Gruppe und die eigene – unvermeidliche – Verwicklung in die Prozesse, die Reflexion über das eigene Handeln in der Gruppe konstituiert Gruppenarbeit erst (vgl. Zweischleifenreflexion, Kap. 2.1.1).

2.3 Abgrenzung unterschiedlicher Gruppentypen der Sozialen Gruppenarbeit

Nach der Logik des Cohn'schen Dreiecks können (vgl. Krapohl 1997: 34ff.) drei Modelle der Sozialen Gruppenarbeit (SGA), die jeweils ein Gruppenelement (Es, Ich, Wir) besonders stark betonen, und ein viertes, in dem alle drei Elemente harmonisiert sind, beschrieben werden:

In Gruppen der *sozialen Aktion* (social goal model) stehen Sachanliegen, Themen oder ein Projekt (Es) im Vordergrund. Eine solche Gruppe wird von Bürgern eines demokratischen Staates dazu genutzt, soziale und politische Veränderungen zu erreichen. Dabei handelt es sich um das älteste SGA-Modell, das sich im Laufe der Zeit weiterentwickelte, aber bereits in diesem Stadium zum Methodenkanon der Sozialen Arbeit gehörte.

Die Gruppen, in denen *therapeutische Hilfe* (remedial model) Priorität genießt, wurden als nächstes bedeutend. In ihnen steht das Individuum, die Gruppenteilnehmer*in (Ich) im Zentrum des Geschehens. Es entwickelte sich aus der Einzelfallarbeit und steht in enger Verbindung zur Gruppentherapie. Die Behandlung und Rehabilitation steht in diesem Modell im Zentrum, die Gruppe ist daher auch eher ein Mittel – der Behandlungsraum – für Einzelne. Die Zusammensetzung der Gruppen ist in diesem Modell bestimmt von der Diagnostik der Fachkraft, das Handeln in der Gruppe ist hier auf den Einzelnen und dessen Behandlungsziel ausgerichtet und nicht auf die Entwicklung der Gruppe insgesamt.

Im nächsten Gruppentyp, dem der *gegenseitigen Hilfe* (reciprocal model), steht das Beziehungsgeflecht der Gruppenteilnehmer*innen untereinander (Wir) im Zentrum. Es geht um das Zusammengehörigkeitsgefühl, das Gemeinschaftsgefühl und das gemeinsame Gruppenerlebnis. Die Zeit und Energie der Gruppe wird zur Förderung der zwischenmenschlichen Beziehungen, zur Förderung des Wohlbefindens über die Gruppe hinaus, genutzt. Diagnostisch wird sich daher an dem Gruppenprozess insgesamt orientiert, Einzelbetrachtungen spielen in diesem Modell eine eher untergeordnete Rolle. Die Fachkraft gibt Hilfestellungen für die Entwicklung der Gruppe, d.h. hilft bei der Erschließung von Hilfsquellen, Entwicklung von Rollen, Werten, Normen und Ideen. Dies geschieht so lange, bis die Gruppe dafür keine Hilfestellung mehr braucht, die Fachkraft somit überflüssig geworden ist und die Gruppe sich alleine helfen kann. Gruppen in der Jugendarbeit, in der Erlebnispädagogik oder Selbsthilfegruppen entsprechen diesem Typus.

Der vierte Gruppentyp ergibt sich aus dem oben (Kap. 2.1.1) beschriebenen *Developmental-Modell* und strebt die Ausgewogenheit der zuvor beschriebenen drei Bereiche (Es, Ich, Wir) und den gesellschaftlichen Verhältnissen (Globe) an. Wesentlich ist an diesem Modell, dass es Auskunft über eine gewisse Regelhaftigkeit von Gruppen gibt, die sich in Phasen vollzieht. Darüber hinaus ist es auch möglich, stärker das Beziehungsgeflecht der Gruppenbeteiligten zu fokussieren und das eigene Handeln daran auszurichten. Gruppen werden im Modell der Entwicklung in drei wesentlichen Elementen verstanden. Erstens dreht sich die Gruppensituation um das Thema „Nähe", welches als Hauptthema im Prozess der Kleingruppenentwicklung angesehen wird. Zweites geht es darum, dass sich die Bezugsrahmen der Gruppe verändern, wenn sich der Gruppencharakter im Laufe des Gruppenprozesses verändert. Drittens wird in dem Modell davon ausgegangen, dass ein Bezugsrahmen vorliegt, den die Gruppenbeteiligten wahrnehmen und der ihr Verhalten beeinflusst.

3 Geschichte und Konzepte der Gruppenarbeit und Gruppenpädagogik

In der aktuellen Praxis des Arbeitens mit Gruppen wird vielfach an Traditionen angeknüpft, ohne dass diese ausdrücklich thematisiert werden. Weil dem so ist, wollen wir mit diesem Kapitel den später folgenden Teil zu ‚Gruppenpädagogik und Gruppenarbeit in der Erziehungshilfe' (Kapitel 4) theoretisch einbetten, um historische Einordnungen und gedankliche Rückbezüge zu ermöglichen.

3.1 Geschichte, Ziele und Methoden der Sozialen Gruppenarbeit

Behnisch u. a. (2013) beschreiben – mindestens – vier Traditionslinien der Entwicklung der Sozialen Gruppenarbeit in Deutschland und in den USA, die auch von anderen Autoren (C. W. Müller 2006 & Schrapper 2009) in ähnlicher Weise hervorgehoben werden:

1. Die Jugendbewegung und der Wandervogel in den Jahren vor dem Ersten Weltkrieg
2. Die Reformpädagogik in der Weimarer Republik
3. Die Entwicklung der Sozialen Gruppenarbeit in der Settlement-Bewegung in den USA, ebenso wie die von den USA ausgehende Kleingruppenforschung (auf deren Ergebnisse wir im ersten Kapitel eingegangen sind)
4. Erziehung zur Demokratie durch Gruppenarbeit im Nachkriegskriegsdeutschland

Die *Jugendbewegung* hat – wie C. W. Müller es nennt (2006: 82) – das Prinzip der Selbsterziehung in einer Gruppe und durch eine

Gruppe „entdeckt“ (vgl. auch Winkler 2003). Mit der Gründung des Wandervogels im Jahr 1901 gab es für diese Jungenbewegung (Mädchen waren zunächst noch nicht beteiligt) einen organisatorischen Rahmen, unabhängig von den Eltern und der Schule Wanderungen zu unternehmen. Die Natur wurde dabei als Freiraum und als Gegensatz zur durch die Industrialisierung indizierten Massengesellschaft verstanden und die Wandergruppen stellten so etwas wie eine Gegenwelt zu der durch Autorität geprägten Erwachsenenwelt dieser Zeit dar.

In den folgenden Jahren dehnte sich die Bewegung aus, es bildeten sich auch Mädchengruppen und konfessionell ausgerichtete Wandergruppen, und nicht nur aus der bürgerlichen Schicht entstanden Gruppen, sondern z. B. auch eine proletarische Jugendbewegung und andere politisch motivierte Gruppen (Müller 2006: 77 ff.). Die Peergroup wurde damit zum Sozialisationsfeld und zu einem Ort gegenseitiger Erziehung. Erwachsene spielten in den Aktivitäten keine Rolle, ältere Jugendliche, die die Gruppen begleiteten, verstanden sich nicht in der Rolle der Erzieher*in oder Gruppenleiter*in.

In der *Reformpädagogik* wurde die Idee der Selbsterziehung durch Gleichaltrige weitergeführt. Anders als in der Jugendbewegung wurde die Gruppe in der Reformpädagogik zu einem zentralen Ort der Erziehung durch ausgebildete Pädagoginnen und Pädagogen, die für die Gruppe und Einzelnen hilfreiche Prozesse initiieren und begleiten sollten. Folgt man Herman Nohl (1879–1960), einem geisteswissenschaftlichen Pädagogen dieser Zeit, ging es der Reformpädagogik nicht vor allem darum, das Eigenrecht und die Selbstbestimmung der Jugendlichen zu stärken, sondern darum, dass Pädagogik ein Verhältnis zwischen den Generationen erfordert, um bestehende Rahmenbedingungen und Normen zu repräsentieren. Nicht die einfache Anpassung des Kindes oder Jugendlichen an die gesellschaftlichen und kulturellen Rahmenbedingungen und Forderungen sind Aufgabe der Pädagog*innen, diese Anforderungen müssen auf ihren Sinn für die Entwicklung des jungen Menschen überprüft, übersetzt und angepasst werden – im Vordergrund steht der Aufbau des „pädagogischen Bezuges“ als Basis des pädagogischen Prozesses neben der Gemeinschaft der Jugendlichen (vgl. Klika 2000). Die überwiegende Mehrheit dieser Pädagoginnen und Pädagogen kam aus der Jugendbewegung und war mit deren Ideen verbunden (vgl. Schrapper 2009; 194), dennoch wurde mit dieser Entwicklung die Bedeutung der Selbsterziehung durch die Gruppe gegenüber der Erziehung durch Erwachsene wieder reduziert.

Mit der Machtergreifung der Nationalsozialisten in Deutschland wurden die Ansätze einer emanzipativen Gruppenarbeit abgebrochen. Der Einzelne wurde entwertet, Ziel der nationalsozialistischen Politik war die Stärkung der Volksgemeinschaft, und um dieses Ziel zu erreichen, wurden sogenannte Erbkranke, Volksschädlinge, Verwahrloste etc. ausgeschlossen. Der Einzelne sollte sich der Gruppe, d.h. der Volksgemeinschaft unterwerfen und diese wiederum hatte ihren Sinn nicht darin, der Entwicklung des Einzelnen zu dienen. Nicht die Übernahme von Eigenverantwortung und Mündigkeit war das Ziel, sondern die Unterwerfung des Einzelnen unter das Ganze und den Führer.

In dieser Zeit mussten zahlreiche Vertreter der Reformpädagogik Deutschland verlassen, einige gingen die USA und führten dort ihre Arbeit in anderer Form weiter.

In den USA entstand Soziale Gruppenarbeit ebenso wie die Gemeinwesenarbeit aus der *Settlement-Bewegung*. 1889 wurde in Chicago durch Jane Adams und Ellen Gates Starr das Hull House gegründet. Hier wurden neue Formen der Sozialen Arbeit zur Integration von einer großen Zahl von Flüchtlingen aus Europa begründet. Inmitten sozialer Brennpunkte, in denen sich bewusst Sozialarbeiter*innen ansiedelten, wurden Zentren geschaffen und versucht, die Bewohner zu aktivieren, Nachbarschaftshilfe kulturelle Angebote zu ermöglichen und Bildungsangebote zu etablieren sowie die Selbsthilfekräfte der Zuwanderer durch Gruppenarbeit und gemeinwesenorientierte Arbeit zu stärken. Wie C.W. Müller (1988) betont, ging es weniger um Hilfsangebote als vor allem auch um den Aufbau von Gelegenheitsstrukturen, die die Einwanderer aus Europa für sich selbst nutzen konnten.

In der Zeit, als in Deutschland die Ansätze von emanzipatorischer Gruppenarbeit durch die Nationalsozialisten zerschlagen wurden, begründete sich in den USA die Kleingruppenforschung, die insbesondere durch den Begründer der Feldtheorie Kurt Lewin und seine Forschungsgruppe, u. a. durch Experimente zu den Wirkungen unterschiedlicher Führungsstile berühmt wurde. Wir haben im Kapitel 1.2 bereits einige Ergebnisse davon beschrieben.

Nach der Niederlage der Deutschen im Zweiten Weltkrieg wurde in der amerikanisch besetzten Zone Gruppenarbeit zu einem wichtigen Instrument der *Demokratieerziehung im Nachkriegsdeutschland.* Demokratie wurde dabei nicht vordergründig als besondere Staatsform verstanden, sondern als Form des Zusammenlebens und der Lösung von Konflikten, die insbesondere in Gruppen und über Soziale Gruppenarbeit eingeübt werden kann (vgl. Konopka 1978). Soziale Gruppenarbeit (social group work) wurde also in dieser Zeit des Neuaufbaus der Sozialen Arbeit nach dem Krieg als Methode der Sozialen Arbeit neben der Einzelfallhilfe etabliert.

In der Folgezeit wurde ein großes Programm zur demokratischen Erziehung der Jugend in Deutschland gestartet, in dem Gruppenarbeit und die Ausbildung von Gruppenleiter*innen eine wichtige Rolle spielte. Zwischen 1948 und 1956 besuchten mehrere tausend deutsche Praktiker*innen und Studierende aus pädagogischen Bereichen sowie politisch und sonst engagierte Bürger*innen zahlreiche Einrichtungen des Erziehungs-, Bildungs- und Wohlfahrtswesens in den USA. Umgekehrt kamen aus den USA Praktiker*innen, die ihre Erfahrungen von dort in deutschen Einrichtungen weitergaben. Unter diesen Expert*innen waren viele Emigrant*innen der NS-Zeit, die auf diesem Wege wieder den Kontakt zu Deutschland herstellten und von den einige später – u. a. Gisela Konopka – auch wieder dauerhaft ins Land zurückkehrten.

Es entstanden Ausbildungs- und Weiterbildungseinrichtungen für Gruppenarbeit und Soziale Gruppenarbeit etablierte sich neben Einzelfallhilfe als zweite zentrale Methode der Sozialen Arbeit. Dabei bildete sich ein weitgehend geteiltes Verständnis von Gruppenarbeit heraus, dass u. a. durch folgende Grundprinzipien bzw. pädagogische Grundsätze für die Leiter*innen gekennzeichnet werden kann:

1. „anfangen, wo die Gruppe steht,
2. mit der Stärke jedes Einzelnen arbeiten,
3. Zusammenarbeit ist besser als Einzelwettbewerb,
4. Raum für Entscheidungen geben: Mitentscheiden will geübt sein,
5. erzieherisch notwendige Grenzen setzen,
6. sich als Gruppenleiter entbehrlich machen.“ (Ertl 1967: 25–29, zit. nach Schrapper 2009),

Geißler und Hege (2001: 190) kritisieren an diesen pädagogischen Grundsätzen, dass diese zu einseitig den demokratischen Führungsstil im Sinne der Experimente von Lewin bevorzugen und partizipative Elemente in diesem Rahmen als ineffizienten „Laissez-faire“-Führungsstil klassifizieren. Deshalb erweitern Geißler und Hege die bekannten klassischen Prinzipien der Gruppenpädagogik, indem sie den Aspekt der Beteiligung in ihren Prinzipien der Gruppenpädagogik noch deutlicher herausstellen (Geißler & Hege 2001: 190):

1. das Prinzip der Partizipation,
2. der Revisionsbedürftigkeit,
3. der Konkretisierungsbedürftigkeit,
4. der Situationsbezogenheit sowie
5. der Integration von Form und Inhalt.

Partizipation meint die weitgehende Mitwirkung aller an Planung, Durchführung und Auswertung; Revisionsbedürftigkeit meint hingegen die grundsätzliche Möglichkeit, Entscheidungen zu überprüfen und zu verändern. Das Prinzip der Konkretisierungsbedürftigkeit impliziert, dass Entscheidungen soweit offengelassen werden können, so dass konkrete Bedingungen eine Rolle spielen können. Situationsbezogenheit nimmt darauf Bezug, dass die Gruppendynamik berücksichtigt wird und die Integration von Form und Inhalt bedeutet unter anderem, dass sich Demokratie nicht in einem autokratisch strukturierten Setting lernen lässt, d. h. dass sich Inhalte an den Bedürfnissen der Teilnehmer*innen orientieren und Methoden und Ziele aufeinander bezogen werden.

Christian Schrapper fügte den oben benannten Traditionslinien der Gruppenarbeit noch eine weitere hinzu, die jedoch als solche im Grunde keine Gruppenpädagogik darstellt, die wir hier anführen wollen, weil wir in Kapitel 3.2 auf sie zurückkommen werden, im Sinne eines Konzeptes, das es historisch zu überwinden galt, „Gruppenförmig organisierte Versorgung, Beaufsichtigung und Erziehung von (jungen) Menschen" (Schrapper 2009: 193), z. B. in Anstalten, Schulen, beim Militär, in Waisenhäusern. Schrapper nennt dies auch „gruppenförmig organisierte Erziehungsherrschaft" (ebd.: 194).

3.2 Konzepte und Geschichte der Gruppenpädagogik

In diesem Kapitel wollen wir auf der einen Seite anhand einer Auswahl von Konzepten einen geschichtlichen Abriss der gruppenpädagogischen Ansätze in der Heimerziehung im 20. Jahrhundert geben, parallel dazu wollen wir einige Grundfragen der Gruppenpädagogik erörtern, auf die wir dann im letzten Teil dieses Bandes, in dem es um gruppenpädagogische Ansätze in der aktuellen Erziehungshilfe geht, zurückkommen werden.

3.2.1 Gruppenpädagogik in der Zeit der Weimarer Republik

Heimerziehung in der Zeit der Weimarer Republik war ganz überwiegend geprägt von Anstaltserziehung mit Zwangscharakter. Projekte, die sich gegen diese Art von Erziehung richteten, waren häufig von der Psychoanalyse inspiriert oder von einer sozialistischen Grundhaltung. Wie in den Bereichen Schule und Gruppenarbeit erreichten die Reformansätze nur wenige Institutionen und die Neuerungen waren meist nur von kurzer Dauer.

Das Kinderheim Baumgarten, in dem der von der Jugendbewegung beeinflusste Reformpädagoge, Psychoanalytiker und Mitbegründer der modernen Jugendforschung Siegfried Bernfeld Leiter war, bestand nur wenig länger als ein Jahr, bevor es u. a. am

Widerstand der Verwaltung und des Trägers scheiterte. Bernfeld und sein Team hatten auf den damals üblichen autoritären Führungsstil verzichtet und mit „Kameradschaftlichkeit“ und Respekt gegenüber den Kindern und Jugendlichen eine neue Form der Gemeinschaft zu etablieren versucht (vgl. Bernfeld 1921). Bernfeld verstand das – herkömmlich als schwierig definierte – Verhalten der Einzelnen und der Gruppe der Jugendlichen nicht als Ausdruck von individuellen Störungen, sondern als nachvollziehbare Reaktion auf deren Lebenserfahrungen und das mit Erwachsenen erlebte. Folglich versuchte er durch Verlässlichkeit der Erwachsenen das Vertrauen der Kinder und Jugendlichen zu gewinnen um auf dieser Basis eine andere Beziehung zwischen Jugendlichen und Erwachsenen zu ermöglichen.

Auch andere Versuche der radikalen Reform traditioneller Einrichtungen (z. B. Wilken; vgl. Schrapper 1992) scheiterten nach kurzer Zeit, die an Zwang orientierte Arbeit in den Erziehungsheimen veränderte sich nicht grundlegend und die nachfolgend angeführten Reformer konnten sich in Europa zunächst nicht durchsetzen.

August Aichhorn: Verwahrloste Jugend

In Österreich gründete der Wiener Lehrer und Psychoanalytiker August Aichhorn nach dem Ersten Weltkrieg noch im Jahr 1918 in Oberhollabrunn eine Einrichtung für ‚verwahrloste‘ Jugendliche als Alternative zu von ihm als militärisch benannten Erziehungsheimen. Die Entwicklung einer besonderen Gruppe von Jugendlichen in dieser Einrichtung, den Aggressiven, schilderte er in seiner Vorlesungsreihe ‚Verwahrloste Jugend‘ (1925). Er fand bei ihnen eine Reihe von gemeinsamen Merkmalen: sie kamen aus schwierigen Familienverhältnissen, hatten große Schulrückstände, es gab schwere Konflikte zwischen den Eltern, mit den Eltern und anderen Familienangehörigen, sie waren lieblos behandelt worden, waren geprügelt worden und prügelten selbst. Die Verwahrlosungserscheinungen kennzeichnete er als manifeste Erscheinung einer zuvor latenten Verwahrlosung. Mit den Symptomen – so vereinfacht der Ansatz – erreichten die Betroffenen, dass die Bezugspersonen sich ihnen gegenüber immer weiter so verhielten wie sie dies erwarteten. Als Behandlung erprobte und propagierte er das Ausbleiben der erwarteten Strafen. „Erst wenn alle Provokation vergeblich bleibt, bricht der Aufbau, der die Verwahrlosung hält, zusammen und nach und nach kommt es zu einem wellenförmigen Ablaufen der Verwahrlosungserscheinungen.“ (Aichhorn 1987: 139)

Für die Gruppe formulierte Aichhorn bereits damals die Hypothese eines therapeutischen Milieus: „In der Fürsorgeerziehungsanstalt wird umso ökonomischer erzieherische Arbeit geleistet werden können, je mehr das Zusammenleben der Zöglinge in den Gruppen schon an sich, das heißt ohne besondere Erziehungsmaßnahmen, die Verwahrlosung zu beheben geeignet ist“ (ebd.: 211).

Aichhorn war der Überzeugung, dass durch strenge Zucht die Verwahrlosung nicht geheilt, sondern nur noch tiefer in der Person verankert würde. Deshalb plädierte er für absolute Milde und Güte, sprach sich soweit als möglich für Gewähren-Lassen und keinerlei Widerstand aus; bei Streitigkeiten solle man neutral bleiben. Folge war bei der Gruppe 6, den Aggressiven, jedoch zunächst die Steigerung der Aggression innerhalb der zwölf Jugendlichen, die das Mobiliar zertrümmerten und nicht zu den Mahlzeiten kamen. Aichhorn interpretierte dies als Irritation der Jugendlichen, weil diese keine freundlichen Menschen kannten und eine Bestrafung erwarteten, ansonsten würde ihr Hass seine Berechtigung verlieren. Daher wurde weiter alles erlaubt, mit Spiel sollte für Ablenkung gesorgt werden. Irgendwann schließlich kamen die Jugendlichen an einen toten Punkt. Eine Weihnachtsfeier und der Umzug in eine nicht zerstörte Gruppenwohnung boten einen Neuanfang, die Gruppe war durch die gemeinsame Erfahrung zusammengeschweißt, die Aggression reduzierte sich, die Schulleistungen verbesserten sich. Aichhorn belegt mit dieser Schilderung, dass es nicht darauf ankäme, die Verwahrlosungserscheinungen zu bekämpfen, sondern die Verankerung der Verwahrlosung im Unbewussten zu lösen. Aichhorn gilt als einer der einflussreichsten Begründer psychoanalytischer Pädagogik.

Janusz Korczak: Kinderrechte

In Polen gründete und leitete der Arzt und Schriftsteller Janusz Korczak 1912 ein Waisenhaus in der Nähe von Warschau, das nach der Eroberung Polens durch die Deutschen im Zweiten Weltkrieg 1940 ins Warschauer Ghetto umziehen musste. Berühmt wurde Korczak zum einen durch seine Schriften, in denen er die Eigenständigkeit der Lebensphase Kindheit und die Rechte der Kinder hervorhob, vor allem aber durch die Tatsache, dass er „seine" Kinder in das Vernichtungslager Treblinka begleitete und mit ihnen starb, obwohl eine Flucht für ihn möglich gewesen wäre. In seinem Buch „Wie man ein Kind lieben soll" (Korczak 1969: 40) beschreibt er die aus seiner Sicht grundlegenden Rechte des Kindes:

> „Ich fordere die Magna Charta Libertatis, als ein Grundgesetz für das Kind. Vielleicht gibt es noch andere – aber diese drei Grundrechte habe ich herausgefunden:
>
> 1. Das Recht des Kindes auf seinen eigenen Tod,
> 2. Das Recht des Kindes auf den heutigen Tag,
> 3. Das Recht des Kindes, so zu sein, wie es ist."

Korczak plädiert mit dem Recht auf den eigenen Tod nicht für Vernachlässigung und Gefährdung von Kindern, sondern für eine andere – wertschätzende – Wahrnehmung von auch schon sehr jungen Kindern, deren Eigenständigkeit und deren Aktivitäten, die nicht wegen der Orientierung auf deren „noch nicht" geringgeschätzt werden dürfen. Die von ihm formulierten Kinderrechte sprechen den Erwachsenen unter anderen das Recht ab, Kinder wegen ihrer – der Erwachsenen – Angst an Erfahrungen, am Leben und am Selbstständig-Werden zu hindern. Kinder dürfen nicht ihrer Kindheit beraubt werden, weil man sie als Kinder nicht als eigenständige Wesen wahrnimmt. Sie sollen die Möglichkeit haben, ihre eigenen Bedürfnisse zu verfolgen, auf eigene Weise zu lernen und sich nicht dem Wunschbild der Erwachsenen unterwerfen müssen.

Um diesen Ansprüchen auf Respekt gegenüber den Kindern gerecht zu werden, wurde in dem Warschauer Waisenhaus u. a.

ein Kindergericht installiert, vor dem sich auch Erwachsene verantworten mussten. Korczak war ein Pionier der Beteiligung von Kindern und Jugendlichen und der Kindheitsforschung. Regeln wurden in der Einrichtung zwar aufgestellt, es war aber ein ständiger Dialog möglich, um diese auch verändern zu können.

Korczak und seine Schriften gerieten nach dem Krieg zunächst weitgehend in Vergessenheit, als ‚altem polnischem Juden' (wie er sich selbst beschrieb) blieb ihm lange Zeit die Anerkennung versagt, die er aufgrund seiner Schriften und seiner für die damalige Zeit revolutionären Praxis der Heimerziehung verdient.

Fritz Redl und Bruno Bettelheim: Ich-Stärkung im therapeutischen Milieu

Der aus Österreich emigrierte Kinderanalytiker *Fritz Redl* wurde 1941 Professor an der Universität Detroit und leitete mehrere Projekte mit schwierigen Kindern und Jugendlichen, mit „Kinder(n), die hassen" (so der Titel des Buches von Redl & Winemann 1990). Ziel seiner Forschung und praktischen Arbeit war es, Kinder dabei zu unterstützen, „Kontrollen von innen" (controls from within) aufzubauen. Er orientierte sich dabei vorwiegend an Konzepten der Ich-Psychologie Anna Freuds und der Psychoanalyse Sigmund Freuds. Er war einer der wenigen Autoren, der sehr konkret Methoden der Umsetzung seines Konzeptes formulierte und wird deshalb hier etwas ausführlicher vorgestellt.

Therapeutische Ansätze in der Heimerziehung – so die Grundidee – sollten dazu beitragen, gestörte Ich-Funktionen wiederherzustellen, um Kinder wieder in die Lage zu versetzen, sich realitätsgerecht zu verhalten. Einzeltherapie verspreche bei delinquenten, emotional schwer gestörten und sozial geschädigten Kindern und Jugendlichen nicht, die beabsichtigten Wirkungen zu erzielen. Diese Kinder seien meist nicht in der Lage, ihre Gefühle und Konflikte zu verbalisieren. Sie seien in ihrem Verhalten noch zu sehr durch ihre Loyalität zu Gleichaltrigen und den Widerstand gegen die Erwachsenen geprägt, um von solcher Art von Therapie zu profitieren. Deshalb entwarf Redl das Konzept des „therapeutischen Milieus", in dem nicht nur die Sitzung mit einem Therapeuten, sondern der gesamte Kontext der Einrichtung therapeutisch gestaltet wird und heilsam auf das Kind wirken soll.

Für Redl sind „schwierige Kinder“ nicht nur stark auffällige und emotional besonders gestörte Kinder, sondern auch solche mit ganz normalen Entwicklungsproblemen. Verhaltensauffälligkeiten stellen Schutzmechanismen vor drohenden psychischen oder körperlichen Verletzungen dar, immer dann, wenn Belastungen über das Maß hinausgehen, die das Kind in seinem Alter bewältigen kann. Redl plädiert deshalb dafür, die von ihm entwickelten Techniken auch in den normalen Erziehungsprozess einfließen zu lassen, d.h. Heimerziehung sollte immer die Wirkung des Milieus auf die Kinder beachten. Manche der von ihm skizzierten Techniken – etwa die Entlastung des Ichs durch die ausdrückliche Betonung eines Gruppenkodex oder durch Rituale – gehören heute zu den „Standardmethoden“ der Gruppenpädagogik.

Das therapeutische Milieu zeichnet sich primär dadurch aus, dass es den Kindern keinen weiteren Schaden zufügt („kein Gift in die Suppe schütten“) und die Bedürfnisse jedes Kindes berücksichtigt. „Klinische Elastizität“ soll das Eingehen auf jeden Einzelnen ermöglichen ohne die Struktur insgesamt in Frage zu stellen, in die Behandlung sollen im Sinne der Ganzheitlichkeit sekundäre Behandlungsziele einbezogen werden und das Milieu soll so gestaltet werden, dass es auf das Leben danach vorbereitet.

Das therapeutische Milieu im Sinne Fritz Redls sollte kein Familienleben vortäuschen, sondern über transparente Rollen und Strukturen verfügen, die Kindern einen vertrauensvollen Umgang mit Erwachsenen gewährleisten. Redl benannte strukturell nicht die Familie, sondern das Ferienlager als Vorbild. Darin sei die Befristung der Beziehung enthalten und auch die Möglichkeit, relativ frei mit seinem Verhalten zu experimentieren und sich auf – endliche – Beziehungen einzulassen. Verbal vermittelte Werte und die implizit vermittelten Werte der Erwachsenen müssten deckungsgleich sein. Rituale, attraktive Tätigkeiten, Gewohnheiten und Regeln müssten die Triebkontrolle der Kinder im Gleichgewicht halten. Auch könne es sein, dass Kinder nicht zueinander passten, für ein therapeutisches Milieu müsse auch die Gruppenzusammensetzung sorgfältig bedacht sein. Nicht zuletzt spiele auch die Qualifikation der Mitarbeiter*innen eine wichtige Rolle, die Fähigkeit, die Wirkung des eigenen Verhaltens auf andere zu erfassen, stelle ein wichtiges Auswahlkriterium für Personal dar.

Für Konfliktsituationen, in denen ein Kind oder Jugendlicher die Kontrolle über sich verliert, entwickelte Redl das Instrument des „life-space-interviews", das geführt werden sollte, wenn die Erinnerung an eine Eskalation noch gegenwärtig, aber die überschäumenden Emotionen bereits etwas abgeklungen sind. Der Fokus liegt hierbei auf den sichtbar werdenden aktuellen Mechanismen, mit denen sich das Kind vor als bedrohlich wahrgenommenen Erlebnissen schützt und nicht auf früheren belastenden Ereignissen, die möglicherweise dem Verhalten zugrunde liegen könnten.

Ein weiterer Vertreter der Idee eines therapeutischen Milieus war *Bruno Bettelheim,* der ebenfalls aus Österreich kam und neben seinen Veröffentlichungen zur Arbeit mit Kindern und Jugendlichen durch die Bücher „Kinder brauchen Märchen" (1976) und die Schrift „Erziehung zum Überleben" (1982) über Erfahrungen aus dem Konzentrationslager bekannt wurde. In der von Bruno Bettelheim geleiteten Ortogenetic School, einer Einrichtung für Kinder und Jugendliche mit psychiatrischen Krankheitsbildern, wurde ein therapeutisches Milieu installiert, das sich allerdings nicht ausdrücklich als gruppenpädagogisch verstand, sondern stärker darauf konzentrierte, Kinder und Jugendliche von überfordernden Erwartungen zu entlasten und eine Atmosphäre zu schaffen, die ihnen erlaubte, ihre Schutzmechanismen solange beizubehalten, bis sie schließlich überflüssig wurden (vgl. Bettelheim 1971). Der Kontakt zu anderen Kindern und Jugendlichen in ähnlicher Situation einschließlich wechselseitiger Unterstützung, aber ohne gegenseitige Erziehung wurde als therapeutischer Faktor bewertet. Gemeinsame Zimmer mit ausgewiesenem Privatbereich sollten sowohl als Schutz vor Einsamkeit wie auch als Rückzugsort wirken. Altersmischung auch bei der Beschulung sollte die Konkurrenz unter den Heranwachsenden verhindern oder wenigstens reduzieren. Physiologische Grundbedürfnisse wurden für alle ohne Einschränkungen erfüllt – symbolisch steht dafür der Süßigkeiten-Schrank –, die Kinder und Jugendlichen wurden nicht zu Gruppenaktivitäten oder zu gemeinsamen Mahlzeiten gezwungen, es wurde darauf gesetzt, dass das Angebot, wenn es denn sichtbar kein Zwang wäre, von den Kindern und Jugendlichen über kurz oder lang genutzt würde. Ein weiterer Grundzug des von Bettelheim geschaffenen therapeutischen Milieus war die Parteilichkeit für die Perspektive der Kinder, ggf. auch gegen die Eltern.

3.2.2 Exkurs: Pädagogik, Gruppenpädagogik und Kollektiverziehung

Wir wollen an dieser Stelle vor dem Übergang zur aktuellen Diskussion um Gruppenpädagogik einen kleinen Ausflug in die Theorie der Pädagogik machen, um eine Systematik vorzustellen, auf die wir später (in Kap. 4) noch mehrmals zurückkommen werden.

Der Begriff Gruppenpädagogik beinhaltet eine Abgrenzung zur (allgemeinen) Pädagogik, deren Praxis weitgehend als individuelle Angelegenheit zwischen Erwachsenen und Kindern verstanden wurde. Aber auch wenn Erziehung mit Gruppen stattfindet, ist dies nicht per se Gruppenpädagogik. Erziehung findet – auch heute noch – häufig in Gruppen statt, ohne dass sich das Geschehen als Gruppenpädagogik oder Gruppenarbeit verstehen ließe. Man könnte sogar etwas überspitzt sagen, dass es zahlreiche Arrangements gibt, in denen die Arbeit der Pädagogen dadurch erschwert ist, dass sie es nicht mit einem einzelnen Kind, sondern mit mehreren Kindern oder Jugendlichen gleichzeitig zu tun haben. Für diese Gleichzeitigkeit gibt es meist eine ökonomische Begründung – d.h. es kann nicht für jedes Kind eine eigene Lehrer*in/Erzieher*in geben –, aber oft keine konzeptionelle Begründung. Traditionell wurde diese Herausforderung, eine große Zahl von Kindern und Jugendlichen gleichzeitig zu erziehen und/oder zu bilden, dadurch bewältigt, dass von den Zöglingen mehr Disziplin und Gehorsam gefordert wird, als dies in einer Einzelsituation notwendig wäre. Eine solche Beschreibung erinnert möglicherweise an die Situation vieler Lehrer*innen, für die das gleichzeitige Unterrichten einer Schulklasse eine umso größere Belastung darstellt, je größer und je unruhiger die Klasse ist. Sie würden ihr Tun mehrheitlich wahrscheinlich nicht als Gruppenpädagogik bezeichnen, sondern eher als den mühsamen Alltag des Unterrichts.

„Die gruppenförmig organisierte Versorgung, Beaufsichtigung und Erziehung" (Schrapper 2009: 193) junger Menschen ohne Anspruch auf jegliche Form von Individualisierung und Beteiligung der jungen Menschen prägte lange Zeit die Wirklichkeit der Anstalten und Schulen. Natürlich gab es Ausnahmen – die bekannteste im 19. Jahrhundert war sicherlich Pestalozzi, der als Erfinder einer familienorientierten und an den Bedürfnissen der Kinder orientierten Heimerziehung gilt. Wirklich und in größerem Umfang in Frage gestellt wurden diese Formen von Gruppenerziehung erst nach dem Ersten Weltkrieg, Zeugnisse dafür sind etwa Lamprechts „Revolte im Erziehungsheim" (1930, Stummfilm) und Bernfelds Beschreibung des Kinderheims Baumgarten (Bernfeld 1921) sowie das Wirken von Wilken (Schrapper 1992: 52ff.), die einen partiellen Aufbruch widerspiegeln.

Wenn also nicht jede pädagogische Tätigkeit mit einer Gruppe schon Gruppenpädagogik ist, was lässt sich dann unter Gruppenpädagogik verstehen? Michael Winkler (2003) unterscheidet in seinen Reflexionen zu Ansätzen „einer Theorie kollektiver Erziehung" drei Typen von Theorien der Erziehung:

- Vorrangig – auch zeitlich vor den anderen entstanden – seien jene Theorietypen, die Erziehung als das Geschehen in einer dyadischen Struktur – Erzieher*innen auf der einen Seite, Zögling auf der anderen Seite – verstehen. Erziehung lässt sich dabei als absichtsvolle und gezielte Beeinflussung eines Kindes oder Jugendlichen durch einen Erwachsenen, der über einen Kompetenz- und Autoritätsvorsprung verfügt, verstehen. In diesem Verständnis spielt es im Grunde keine Rolle, ob Erziehung und Bildung mit einem einzelnen Kind oder mit einer Gruppe von Kindern stattfindet, solange es darum geht, dass alle Zöglinge das gleiche lernen sollen und vor allem die Interaktion zwischen Pädagog*innen und Zöglingen von Bedeutung ist, die Interaktion unter den Kindern hingegen keine besondere Rolle spielt oder eher als Störung gedeutet wird. Dabei ist die Beziehung zwischen Erzieher*in bzw. Lehrer*in und Zögling durch eine mehr oder weniger deutliche Asymmetrie gekennzeichnet, was zusätzlich auch vom Erziehungsstil der Pädagog*innen abhängt.

- Das zweite von Winkler angeführte Modell geht auf Rousseaus „Emile" (1995) zurück. In dieser Beschreibung eines Heranwachsens- und Erziehungsprozesses wird der gegenständlichen Welt, insbesondere der Natur ein hoher pädagogischer Wert zugesprochen. Der Erziehende hat dabei die Verantwortung für den pädagogischen Rahmen, d.h. er steuert, welche Erfahrungen den zu Erziehenden ermöglicht werden. Das Neue und Aufklärerische in Rousseaus Theorie liegt darin, dass der Zögling als Subjekt des Erziehungsprozesses wahrgenommen wird, der sich die Welt aneignet, die ihm zugänglich gemacht wird. Der Blick auf die Subjektivität der Lernenden macht aus dem herkömmlichen Unterrichten, das in einem klassischen Bild mit dem Auffüllen des Kindes mit Lerninhalten durch einen Trichter – ‚Nürnberger Trichter' – verglichen wurde, einen Prozess, der nicht nur von Begabung und Fleiß der zu Erziehenden abhängig ist, sondern stark durch deren Interaktion mit der Umwelt beeinflusst wird.
- „Ein drittes Modell geht noch einen Schritt weiter, indem es zwar den Erzieher erneut als Arrangeur von Situationen wie Prozessen und als Initiator eines Bildungsgeschehens annimmt, den eigentlichen Bildungsprozess jedoch in einem kollektiven Geschehen sieht, in welchem die einzelnen eingebettet sind. Einflussnahmen auf diese vollziehen sich über zwei Wege, nämlich einerseits durch eine parallele Einwirkung: Sie geht auf einen Anstoß für die Gruppe zurück, der sich dann wiederum auf den einzelnen auswirkt. Andererseits aber entwickelt sich die Gruppe selbst wesentlich durch ihre eigene Auseinandersetzung mit ihren Umweltbedingungen, die sie oft sogar selbst erst erzeugt. Wenn dieses Gruppenleben eine eigene, distinkte Struktur entwickelt, die zugleich

> Wirkungen auf die Einzelnen ausübt, welche sich innerhalb der Gruppe konstituieren, kann von einer kollektiven Erziehung gesprochen werden." (Winkler 2003: 215)

Für Konzepte kollektiver Erziehung ist es konstituierend, dass es in ihnen um ein pädagogisches Handeln in diesem spezifischen Sinn geht, denn das unterscheidet sie von gruppenmäßiger Unterweisung. „Sie zielen auf die Erziehung von jungen Menschen" (ebd.: 222), und diese hat „– wenn sie nur irgendwie diesem Begriff gerecht werden soll – Prozesse zu initiieren und zu unterstützen (…), in welchen Kinder und Jugendliche autonom handelnde Persönlichkeiten werden, damit sie zu einer eigenverantwortlichen Lebensführung in der Lage sind und selbstständig ihre Lebenssituation gestalten können." (ebd.: 222)

Entsprechende Modelle sind eher in der Geschichte der Pädagogik zu finden als in der Gegenwart, was daran liegt, dass, so Winkler (2003: 224), ‚echte' Kollektiverziehung stets „als Antwort auf den Bruch von Sozialisationsverhältnissen" entstanden ist, „in Extremsituationen, die von gesellschaftlichen und kulturellen Auflösungs- und Zerstörungsprozessen gekennzeichnet sind" (ebd.). Aus der Entstehung von Kollektiverziehungsmodellen in gesellschaftlichen Umbruchsituationen ergibt sich die Chance, in ihnen etwas Neues auszuprobieren. „Kollektiverziehung zeichnet sich insofern durch Züge einer verwirklichten Gesellschaftsutopie aus" (ebd.: 224). Kollektiverziehung

> „hat in der Regel mit großen Zahlen von Kindern und Jugendlichen zu tun, die für einen meist längeren Zeitraum eine ‚vollständige Erziehung' erfahren; Kollektiverziehung stellt einen umfassenden Lebenszusammenhang dar, der für sie alternativlos besteht. Darüber hinaus fehlt eine unmittelbar personale Beziehung, die durch die Differenz von erwachsen vs. jung bestimmt wird. Erwachsene lösen zwar das Setting aus, treten dann aber zurück; insofern bestimmt ein Zug des Antiautoritären die kollektive Erziehung, wenngleich der Druck der sozialen Strukturen unter den Gleichaltrigen häufig massiv ist. Oft genug setzen sich die Erwachsenen den verbindlichen Regeln selbst aus, indem sie ihren möglichen Autoritätsüberschuss preisgeben." (Winkler 2003: 216)

Der Frage, welche Formen der als solche benannten Kollektive auch berechtigt als Kollektiverziehung, also als Form der Selbstregierung oder als Kinderrepubliken bezeichnet werden können, ging Johannes-Martin Kamp in seiner Dissertation „Kinderrepubliken“ (1995) nach. Er nahm Einrichtungen in den Blick, deren Gründer für sich beanspruchten, Kinderrepubliken geschaffen zu haben, analysierte deren Konzepte und die Umsetzung ihres Anspruchs, untersuchte dann die Praxis solcher Einrichtungen, die darin beobachtbaren Brüche zwischen dem proklamierten Anspruch und der Realität, das Maß der tatsächlichen Eigenverantwortung der Kinder und Jugendlichen und analysierte schließlich die Gründe für das Scheitern solcher Einrichtungen und den Zerfall ihrer Konzepte. Von den zahlreichen Einrichtungen, die sich selbst als demokratisch verstanden, wurde nur ein geringer Teil dem Anspruch gerecht, den die jeweiligen Initiatoren und Kamp an eine echte Kinderrepublik stellten: es ernstzunehmen mit dem Machtverzicht der Pädagog*innen, d.h. bedeutsame Entscheidungen tatsächlich bei den Kindern und Jugendlichen zu belassen, auch wenn sie den Wünschen der Erwachsenen nicht entsprechen. Kamp führte als Kriterium für das legitime Einspruchsrecht der Erwachsenen die Gefährdung der Existenz der Einrichtung oder der grundlegenden Verfassung ein, d.h. er sah das Veto der Erwachsenen beschränkt auf Situationen, in denen ohne Eingriff erheblicher Schaden für die Gesamtheit entstünde oder wichtige Grundsätze der Verfassung außer Kraft gesetzt zu werden drohen. Kamp nennt dies „geteilte Verantwortung“ (Kamp 1995: 128). Die Erwachsenen müssten sich darauf einlassen, die Verantwortung zu teilen, allerdings blieben sie weiterhin für die Existenz der Einrichtung und für den Fortbestand der Verfassung verantwortlich, bei der Regulierung des Alltags und den Regelungen des Zusammenlebens müssten sie Abstinenz üben.

3.2.3 Kollektiverziehung in der DDR

In der DDR-Heimerziehung war das Modell der Kollektiverziehung mit Bezug auf den russischen Pädagogen Anton Semjonowitsch Makarenko die gängige offizielle Orientierung, die von Partei und Wissenschaft vorgegeben wurde. Makarenko wurde durch seine pädagogische Arbeit als Heimpädagoge und Leiter der Gorki-Kolonie sowie der Dserschinski-Kommune, vor allem aber durch die Publikation dieser Arbeit mit dem Roman „*Ein Pädagogisches Poem*" bekannt. An seinem Ideal, dass Jugendliche an einer gemeinsamen Aufgabe wachsen sollten, die Erwachsenen dafür den Rahmen sichern sollten, orientierte sich zumindest am Anfang die Idee der DDR-Heimerziehung. Plan war es, in den Einrichtungen Orte zu schaffen, in denen junge Menschen mit den Eigenschaften und Merkmalen heranwachsen sollten, die für den Aufbau des Sozialismus als notwendig erachtet wurden. Die Ziele der Erziehung waren somit gesellschaftlich vorgegeben und ergaben sich – anders als bei Makarenko – nicht aus den Aufgaben, die aus dem Zusammenleben in einem Kollektiv erwuchsen. Ziel der Kollektiverziehung war auch nicht die Individualitätsentwicklung des Einzelnen in und durch die Einwirkungen der Gemeinschaft, sondern eher die Unterwerfung unter bzw. die Einordnung in das Kollektiv. Widerstand gegen die Einordnung wurde – von den Erwachsenen – moralisch diskreditiert und führte nicht selten zum Ausschluss aus dem Kollektiv und zur Verlegung in eine andere – noch stärker und mächtiger auf Ein-/Unterordnung drängende – Einrichtung. Das Kollektiv, die Kinder und Jugendlichen waren nicht frei in ihren Entscheidungen, sondern standen unter der Regie des Mitarbeiterkollektivs, dem die Verantwortung für den Erziehungsprozess oblag und das keineswegs auf Entscheidungsmacht verzichtete.

Der Begriff der Kollektiverziehung wird – wegen des Gebrauchs dieser Bezeichnung für diese Praxis der Heimerziehung in der DDR – seither weitgehend gleichgesetzt mit Indoktrinierung und Gleichmacherei unter dem Deckmantel einer Erziehung durch die Gruppe und nicht mehr mit den ursprünglichen Zielsetzungen dieses Ansatzes verbunden. Die Folge ist, dass Kollektiverziehung an sich diskreditiert ist und der Begriff in kaum einem neueren Beitrag zur Gruppenpädagogik mehr auftaucht, Makarenko kaum noch rezipiert wird und selbst Eberhard Mannschatz, der führende Vertreter der Theorie der Jugendhilfe in der

DDR, in seinem letzten Band den Begriff Kollektiverziehung nicht mehr nutzt, sondern die Grundidee von Makarenko als Orientierung an der Bewältigung gemeinsamer Aufgaben beschreibt und damit an Konzepte der Reformpädagogik anzuknüpfen versucht (vgl. Mannschatz 2003).

3.2.4 Kritik an der Heimgruppe als Subkultur

Trotz solcher Modelle wie dem Kinderheim Baumgarten und Kritik an klassischer Anstaltserziehung wie etwa durch Lamprechts Theaterstück „Revolte im Erziehungsheim" blieb die Heimerziehung in der Weimarer Republik die von Schrapper (2003: 192) beschriebene „gruppenförmig organisierte Versorgung, Beaufsichtigung und Erziehung von (jungen) Menschen". Es ging in ihr um die systematische lineare Beeinflussung einer großen Zahl von jungen Menschen durch eine möglichst kleine Zahl von Erwachsenen. Dies steigerte sich in der Zeit der nationalsozialistischen Herrschaft und veränderte sich auch in der Nachkriegszeit nur wenig, da auch in diesem Bereich die Fachkräfte, die Reformen hätten anschieben können, das Land verlassen hatten. Erst durch die Studentenbewegung 1968/69, die die Thematik aufgriff, junge Menschen zum Widerstand aufrief, Ausreißer unterstützte und Einrichtungen unaufgefordert ‚besuchte', durch Veröffentlichungen über skandalöse Zustände, u. a. von Ulrike Meinhof in der Zeitschrift ‚Quick', wurden Veränderungen erzwungen.

In der nachfolgenden – weniger moralischen, sondern vor allem fachlichen – Kritik der Heimerziehung Ende der 1960er und in den 1970er Jahren, die sich an den Missständen in vielen klassischen – vielfach auch geschlossenen – Erziehungsheimen entzündete, erhielt das von dem Soziologen Erving Goffman (1995) entwickelte Modell der totalen Institution eine besondere Bedeutung. Goffman erklärte mit diesem Modell Prozesse in von der Außenwelt abgeschotteten Einrichtungen wie Gefängnissen, geschlossenen Psychiatrien und Erziehungsheimen, insbesondere den Einfluss institutioneller Faktoren auf das Verhalten der verschiedenen Akteur*innen. Aus dieser Kritik wurde deutlich, dass

Heimerziehung systematisch die selbst proklamierten Ziele verfehlte. Auch wenn dieser Typus Einrichtung heute kaum noch so zu finden ist und das Modell vielfach kritisiert und modifiziert wurde und deshalb zur Beschreibung von aktuellen Strukturen, Problemen und Prozessen innerhalb der Einrichtungen der Kinder- und Jugendhilfe nicht ausreicht, lässt sich mit der Metapher der „totalen Institution" gut erklären, wie und warum dieser Typus von Einrichtung seine vorgegebenen und selbstgesteckten Ziele – etwa die Resozialisierung von Straffälligen, die Heilung psychisch Kranker oder die Herstellung von Selbstständigkeit bei sogenannten schwierigen Jugendlichen – regelmäßig nicht erreicht. Besonders wurden dabei die Prozesse innerhalb der Gruppe der „Insassen" in den Blick genommen.

Totale Institutionen sind Einrichtungen, in denen unter einer Autorität alle Lebensbereiche der Insassen reglementiert sind. Die Objekte der Erziehung oder Behandlung werden dabei weitgehend ihrer bisherigen Identität beraubt, von Mitarbeiter*innen wird ausschließlich deren Anpassungen an die institutionellen Regeln honoriert, Individualität ist nicht gefragt. Dabei zeigt sich die totale Institution zweigeteilt in die Welt der Mitarbeiter*innen und die der Insassen. In der Welt der Insassen bilden sich Subkulturen, die identitätsstiftender sind als die Kultur der offiziellen Institution, da es in ihnen nicht um die Anpassung an vorgegebene Rollenerwartungen geht, sondern um Ziele, Ressourcen und Positionen, die man nur in der Subkultur erwerben kann und die Individualität in der Welt der Insassen sicherstellen. Die Ziele der Subkultur und das Verhalten der Insassen untereinander stehen den Zielen der Einrichtung entgegen, Individualisierung realisiert sich gegen die offizielle Welt der Einrichtung, die gleichförmige Anpassungsleistungen aller verlangt. Phänomene wie sexuelle Ausbeutung, Drogenmissbrauch und -handel oder körperliche Gewalt sind offenbar in Gefängnissen noch heute weit verbreitet. Die Existenz solcher Subkulturen wird häufig geleugnet, da sie auf ein Versagen der Institution hindeutet, auf Lücken der Reglementierung und Überwachung oder insgesamt die Existenzberechtigung solcher Anstalten in Frage stellen. Gleichzeitig jedoch wird die Subkultur u. U. auch von Mitarbeiter*innen genutzt und gebilligt, etwa indem sie Bündnisse mit Anführer*innen eingehen, um sich die Durchsetzung von Regeln erleichtern.

Das Modell der totalen Institution wurde in der Heimkampagne häufig genutzt, um Missstände in der Heimerziehung zu erklären, allerdings zeigten die wenigsten Einrichtung alle Merkmale dieses Typus von Einrichtung, und es ließen sich damit auch nicht alle beobachteten Phänomene erklären. Landenberger und Trost (1988) haben in ihrer Studie zu Identität und Kultur im institutionellen Alltag („Lebenserfahrungen im Erziehungsheim") in vielfacher Hinsicht an das Modell von Goffman (1972) angeknüpft, widersprechen diesem jedoch auch in einigen wichtigen Punkten:

Die totale Institution steht nicht außerhalb der Gesellschaft, sondern wird getragen durch die objektiven gesellschaftlich-historischen Bedingungen. Während Goffman das Verhalten in Subkulturen innerhalb einer totalen Institution als etwas völlig anderes, als quasi außerhalb der gesellschaftlichen Wirklichkeit konstruiert und die Verbindung der Subkulturen zu anderen Kulturen innerhalb der Gesellschaft vernachlässigt, belegen Landenberger und Trost, dass das Verhalten der Kinder und Jugendlichen in den Kulturen der jeweiligen Einrichtungen nicht nur den Gesetzen der totalen Institution entspricht und durch diese determiniert ist, sondern stark auf Verhalten in Kulturen zurückgreift, aus denen die Jugendlichen und allgemein die Insassen kommen.

„Vor dem Hintergrund verschiedener Biografien, Bedürfnisse und Kompetenzen erlebt jeder Bewohner seine Situation in unterschiedlicher Weise. Auch die Art, in der er sich mit den gegebenen Verhältnissen auseinandersetzt, wird deshalb unterschiedliche Formen und Intensitäten annehmen. Diese subjektive Betroffenheit des einzelnen kann aber im Heim nicht dazu führen, dass er dementsprechend selbstbezogenen handelt und sein persönliches institutionsspezifisches Verhalten entwickelt, d.h. zu einer isoliert-individuellen Lebensweise im Heim findet. In der Heimgruppe und dem Zusammenleben mit weiteren Heranwachsenden treffen die individuellen Sinn- und Handlungsmuster auf die der anderen, brechen sich in deren Definitionen und werden mit ihnen vermittelt. Die Realitätsdeutungen aller Gruppenmitglieder unterliegen einem sozialen Prozess des Aushandelns, innerhalb dessen sie abgewiesen, modifiziert oder zu einem allgemeinen kulturellen Konsens erhoben werden." (Landenberger & Trost 1988: 77)

Das heißt, welche Werte, welche Hierarchien und Handlungsweisen in einer Institution oder Gruppe oder Subkultur akzeptiert sind, wird von den konkreten Jugendlichen durch wechselseitige Interaktionsprozesse bestimmt, die auch auf deren jeweiligen biografischen Erfahrungen gründen. Subkulturen sind also nicht einfach als Negativ-Spiegelung der formalen Institutionskultur zu verstehen, sondern auch als Resultat eines durch die biografischen und institutionellen Vorerfahrungen der Jugendlichen geprägten und strukturierten Aushandlungsprozesses.

Klaus Wolf entfernt sich in seiner Untersuchung „Machtprozesse in der Heimerziehung" (1999) noch weiter von dem Modell der totalen Institution als Erklärung für Dysfunktionalitäten in der Heimerziehung und bietet die Figurationssoziologie von Norbert Elias (1970) als Theoriefolie zur Erklärung subkultureller Prozesse an. Macht ist kein von Elias per se negativ bewerteter Begriff, sondern gehört als Struktureigentümlichkeit zu allen menschlichen Beziehungen. Vereinfacht gesagt: Soweit Menschen in einer Beziehung etwas voneinander wollen, verfügt der eine über Macht über den anderen, in gewisser Hinsicht übt er Macht aus, unabhängig von der jeweiligen Wahrnehmung der Akteure.

Ein Kind z. B., das noch nicht lesen kann etwa, ist angewiesen auf den Erwachsenen, der ihm etwas vorliest. Der Erwachsene kann – aber muss nicht – diesen Kompetenzvorsprung ausnutzen und von dem Kind verlangen, z. B. erst aufzuräumen, bevor er den Wunsch erfüllt. Der Erwachsene auf der anderen Seite wünscht sich möglicherweise, von dem Kind geschätzt zu werden, und erfüllt diesem deshalb seinen Wunsch. Wolf beschreibt ganz unterschiedliche Machtquellen, die sich bei weitem nicht auf formale Macht beschränken und die für den Alltag in Heimgruppen bedeutsam sein können. Als Beispiele: Ein Jugendlicher, der großen Einfluss auf die Stimmung in der Gruppe hat, hat gute Aussichten, dass Mitarbeiter*innen ihn gewinnen wollen, wenn sie z. B.

eine Unternehmung mit der Gruppe machen wollen. Eine Mitarbeiter*in, die sehr gut kocht, kann mit der Aussicht auf ein besonderes Abendessen möglicherweise ohne Druck die Ämtererledigung in der Gruppe durchsetzen. Strukturell gegebene Macht, so lässt sich hier zusammenfassen, ist also nicht die einzige und oft auch nicht die entscheidende Machtquelle in einer Erziehungsgruppe. Solche Machtquellen wirken, auch wenn sie in konkreten Situationen nicht „ausgespielt" werden. Es entsteht in Beziehungen und Konstellationen eine Machtbalance, in der der jeweilige Machtüberhang – also z. B. der Kompetenz- und Wissensvorsprung eines Erwachsenen und der Machtüberhang eines Jugendlichen, der dadurch entsteht, dass der Erwachsene gemocht werden will – austariert wird.

Die Kritik an der bestehenden Heimerziehung und die Gewissheit, dass deren Ziele in – weitgehend – totalen Institutionen und in Abgeschiedenheit von der gesellschaftlichen Normalität nicht erreicht werden könnte, wurde in der fachlichen Diskussion mehr und mehr Konsens. Auch wenn viele große Einrichtungen nicht dem Schreckensbild der totalen Institution entsprachen, wurde das Wissen über die Nachteile und unerwünschten Neben-Wirkungen von großen, zentralen Einrichtungen, über die negativen Folgen der Institutionalisierung (vgl. Peters 1991/2001; Wolf 1992), der Zentralisierung und Spezialisierung Ausgangspunkt der Heimreform in den 1970er und 1980er Jahren.

In ihr ging es um strukturelle Veränderungen, die – auf der Ebene der Gruppe betrachtet – mehr Autonomie für die Gestaltung des Alltags und Gruppenlebens für pädagogische Mitarbeiter*innen und Kinder und Jugendliche ermöglichen sollten (vgl. Zwischenbericht 1977). In der Folge wurden zentrale Versorgungsstrukturen und Spezialdienste in den Einrichtungen abgebaut, die Rolle der Mitarbeiter*innen in der Gruppe aufgewertet und die Gruppen nach außen geöffnet.

Ein wesentliches Ziel der Heimreform, insbesondere der damit verbundenen Verkleinerung der Gruppen, dem Versuch der Entinstitutionalisierung und Entstandardisierung und der Öffnung der Einrichtung nach außen war es, Kindern und Jugendlichen wie auch den Mitarbeiter*innen im offiziellen Leben der

Einrichtung mehr Individualität zu ermöglichen, um dadurch die Wahrscheinlichkeit der Entstehung von subkulturellen Unterwelten zu reduzieren. Für die Identität bedeutsame Prozesse bei den Kindern und Jugendlichen sollten nicht mehr im Verborgenen – versteckt vor den Mitarbeiter*innen – und vor allem nicht mehr mit dem Mitteln des Regelverstoßes oder der Umgehung von Regeln stattfinden müssen.

Um dies zu erreichen, wurde angestrebt, Hierarchien abzubauen, flexiblere Normen zu etablieren, damit für alle Akteure mehr Verhaltensspielräume entstehen konnten. Das heißt, durch die Veränderung von Strukturen und die Abkehr von der totalen Institution sollte nicht nur die Barriere zwischen „Zöglingen" und Personal abgebaut, sondern zugleich sollte damit auch die strikte Trennung zwischen den Welten der Mitarbeiter*innen und der Welt der Insassen aufgehoben werden. Dadurch veränderte sich die Aufgabe der Mitarbeiter*innen im Zusammenhang mit der Erziehung in einer Gruppe: Nicht mehr oder wenigstens nicht allein die Durchsetzung von Normen und Regeln, denen sich die Gruppe und jedes einzelne Gruppenmitglied zu unterwerfen hatte, sollte im Mittelpunkt stehen, sondern – zumindest auch – die Gestaltung des Gruppenlebens als Möglichkeit für die einzelnen Kinder und Jugendlichen, ihre jeweilige Individualität zu finden und sich mit ihr auszuprobieren. Als weiterer Effekt dieses Veränderungsprozesses, insbesondere der Dezentralisierung von Einrichtungen, wurde die geringere Stigmatisierung der Kinder und Jugendlichen angestrebt, die als kleine Gruppe in einer normalen Umwelt die Chance erhielten, auch von der Umgebung als Individuen und nicht nur als „Heimkinder" wahrgenommen zu werden.

Ein gleichzeitig verfolgtes strukturelles Ziel der Veränderung durch die Reformen der Heimerziehung war, die Unterschiede zwischen früherer Fürsorgeerziehung und der tendenziell weniger repressiven und eher familienorientierten Erziehung in Waisenhäusern und Einrichtungen für jüngere Kinder teilweise aufzuheben. Eine vollständige Entspezialisierung der Heimerziehung wurde jedoch nicht erreicht, bis heute gibt es zahlreiche Konzepte und Projekte für besondere Zielgruppen, wie etwa für als psychisch krank wahrgenommene Kinder und Jugendliche oder straffällige Jugendliche, und nach wie vor existieren Plätze für geschlossene Unterbringung.

3.2.5 Aktuelle populäre gruppenpädagogische Konzepte

Neuere gruppenpädagogische Konzepte wurden in den vergangenen Jahren öffentlich vor allem am Beispiel straffälliger Jugendlicher diskutiert. Wir werden im Folgenden auf drei Beispiele eingehen, die auch in den Medien dokumentiert und diskutiert wurden und u. a. deshalb Einfluss auf die Fachdiskussion in der Jugendhilfe und die Praxis der Jugendhilfe hatten. Wir wollen an dieser Stelle kurz auf die Glen Mills Schools in den USA eingehen, das Projekt der gerechten Gemeinschaft („Just Community") in Adelsheim vorstellen und auf das Boxcamp des Lothar Kannenberg in Hessen, das vor allem durch die Präsentation auf RTL populär wurde. Auf einer abstrakteren Ebene gehen wir anschließend kurz auf das Konzept der Positiven Peerkultur (Positive Peer Culture – PPC) ein, das vor allem von Opp und Unger (2006) in die Diskussion in der Deutschen Jugendhilfe eingebracht wurde.

Glen Mills Schools: Die Gruppe als positive Gang

Die Einrichtung „Glen Mills Schools" ist ein großes Heim in Philadelphia, mit Ablegern auch in anderen Ländern wie z. B. den Niederlanden, das an ein amerikanisches College erinnern soll und strukturell einem solchen bewusst ähnlich gestaltet ist. Dies wird z. B. darin deutlich, dass man von den Jugendlichen als „students" spricht. Die Einrichtung liegt relativ weit abgelegen von der nächsten Ortschaft auf einem großen Gelände eines ehemaligen Zufluchtshauses. 1975 übernahm Cosimo D. Farrainola die damals geschlossene Einrichtung mit ca. 100 Plätzen, erweiterte sie auf eine Kapazität von ca. 1 000 Plätzen, implementierte ein an Gruppendynamik orientiertes Konzept und schuf zahlreiche Ausbildungs- und Arbeitsmöglichkeiten sowie Freizeitangebote – insbesondere sportlicher Art – für die Jugendlichen. Aufgenommen werden Jugendliche zwischen 13 und 18 Jahren, die, in der Regel zuvor kriminell auffällig geworden, in Jugendgangs integriert und verurteilt waren. Die Aufnahme ist offiziell freiwillig, aber die Alternative wäre der Jugendstrafvollzug.

Das Konzept der Glen Mills Schools setzt an den Dynamiken von insbesondere afroamerikanischen Jugendbanden an und nutzt diese für die Arbeit mit den Jugendlichen. Banden krimineller Jugendlicher – so der Ausgangspunkt – zeichnen sich nicht nur durch die Straffälligkeit ihrer Mitglieder aus, sondern in ihrem Inneren durch klare Regeln und eindeutige hierarchische Strukturen (vgl. Weidner 2001). Die Tatsache, dass sich die Jugendlichen in solche Banden integrieren können, d. h. Regeln einhalten und Hierarchien respektieren, lässt sich als Indikator für ihre Fähigkeit zu und für ihren Wunsch nach Integration verstehen. Diese Jugendlichen können sich somit dem Druck einer Gruppe beugen und den Normen anpassen, wenn sie dieser Gruppe angehören wollen und sich mit deren Zielen sowie den für sie erreichbaren Positionen identifizieren können. Genau diese Merkmale sollen genutzt werden, um Jugendliche in den Glen Mills Schools auf die Integration in die Gesellschaft vorzubereiten. Die Sozialstruktur der Gang wird in der Einrichtung partiell kopiert und institutionell in ein System deutlicher Hierarchien und klarer Regeln übersetzt. Nicht übernommen wird natürlich die in kriminellen Banden durchaus gängige gewaltförmige Ausübung von Druck und Formen der Erpressung, Erniedrigung u. ä. Der zentrale Unterschied liegt vor allem in der Umpolung der Ziele: Die kriminelle Bande mit ihren antisozialen Zielen wird in eine positive, an gesellschaftskonformen Zielen orientierte „prosoziale“ Gang verwandelt (vgl. Weidner & Kilb 1997). Der Status und der mögliche Aufstieg der Jugendlichen innerhalb der Hierarchie der Einrichtung hängen vom Befolgen der Regeln ab, welches von anderen Jugendlichen und den Mitarbeiter*innen überwacht wird. Für die Jugendlichen gibt es eine Vielzahl von Normen und Regeln – von der Art und Weise, wie man am Tisch zu sitzen hat, bis zur Form der Begrüßung unter den Jugendlichen und zum Verbot, über die eigene (kriminelle) Vergangenheit zu reden.

Die Durchsetzung dieses Regelwerks obliegt nicht vor allem den – in der Regel nicht pädagogisch ausgebildeten – Mitarbeiter*innen (Counselors), sondern vor allem den anderen Jugendlichen. Diese werden mit der Chance auf den Aufstieg bzw. Wiederaufstieg in eine herausgehobene Position innerhalb der Gesamtgruppe (als „bulls“) dafür belohnt, wenn sie andere Jugendliche möglichst häufig mit deren Regelverstößen konfrontieren. Die von den Regeln Abweichenden dürfen sich einer solchen Konfrontation nicht entziehen, sondern sollen diese als Hilfe und Unterstützung für ihre eigene Entwicklung annehmen.

Zu den Verpflichtungen der Jugendlichen gehört der regelmäßige Schul- bzw. Ausbildungsbesuch, die Teilnahme an Gruppensitzungen und Veranstaltungen, insbesondere Sportveranstaltungen. Die Einrichtung ist gut ausgestattet und bietet auf diese Weise gute Möglichkeiten für die Jugendlichen, eigene Interessen und Ziele zu entwickeln und zu verfolgen und sich mit Erfolgen zu identifizieren. Systematisch wird versucht, die Bildung von Subkulturen zu verhindern: Dazu dienen das Verbot, über frühere Zeiten und vergangene kriminelle Aktivitäten zu reden, das Verbot von Gang-Begrüßungsritualen u. ä., das Fehlen von Türen in den Gruppenhäusern und die regelmäßigen Gruppensitzungen, in denen alles angesprochen werden soll, was die Jugendlichen bewegt und was bei ihnen beobachtet wurde.

Auch wenn die Jugendlichen sich durch die gegenseitige Konfrontation in gewisser Weise gegenseitig erziehen, lassen sich die Glen Mills Schools nicht als ein Projekt der Kollektiverziehung im oben skizzierten Sinne Michael Winklers verstehen. Die Jugendlichen sind aufgefordert, andere Jugendliche im Sinne des Konzepts zu beeinflussen, sie sind ein Erziehungsmittel, das durch die Chance des eigenen Aufstiegs motiviert wird, die durch Leitung und Mitarbeiter*innen vorgegebenen Spielregeln durchzusetzen. Diese sind durch die Jugendlichen nicht beeinflussbar, die Jugendlichen steigen umso schneller auf, je besser sie die von den anderen gesetzten Regeln internalisiert haben, Veränderungen der Normen durch die Jugendlichen selbst sind konzeptionell nicht vorgesehen.

Unter dem Einfluss von Jens Weidner u. a. wurden Elemente des Konzeptes der Glen Mills Schools in der Arbeit in Jugendstrafanstalten eingesetzt. Im Anti-Aggressions-Training geht es ebenfalls darum, eine positive Subkultur in der Haft zu erzeugen.

Dafür werden – ähnlich des Konzepts von Glen Mills – konfrontative Methoden eingesetzt, um eine Neubewertung des aggressiven Verhaltens bei den Jugendlichen zu erreichen. Bekannt ist die Methode des „heißen Stuhls", bei der Jugendliche mit den Folgen ihres Handelns konfrontiert und von den Mitarbeiter*innen und anderen Jugendlichen provoziert werden, um ihre Widerständigkeit gegenüber alten Reaktionsmustern zu testen.

Just Community in Adelsheim

Im Rahmen eines Projektes der Deutschen Forschungsgemeinschaft (1994) wurde unter Leitung von Micha Brumlik und Hansjörg Sutter (vgl. Sutter 2007) in einem Haus des gelockerten Vollzugs mit 15 Strafgefangenen in der Justizvollzugsanstalt Adelsheim eine *Just Community* initiiert und mehrere Jahre wissenschaftlich begleitet. Dieses Projekt orientierte sich an dem Modell der moralischen Erziehung von Lawrence Kohlberg und zielte darauf ab, innerhalb einer Anstalt – die sich durch eine klare hierarchische Gliederung und nicht durch demokratische Strukturen im Umgang mit Gefangenen auszeichnet – eine Gruppe zu etablieren, die ihr Zusammenleben mit demokratischen Strukturen einer gerechten Gemeinschaft regelt, insbesondere in der Kommunikation der Gefangenen untereinander, die von zwei Sozialarbeiter*innen begleitet und angeleitet werden. Erwartung dabei ist, dass Gefangene, die in der Haft Erfahrungen mit Aushandlungsprozessen und Verantwortungsübernahme moralische Entwicklungsrückstände aufholen können, eine bessere Prognose haben, künftig straffrei zu bleiben.

Unabhängig von der beendeten Projektförderung und wissenschaftlichen Begleitung läuft das Projekt nach Angaben der Einrichtung bis heute, also inzwischen mehr als 20 Jahre lang, relativ erfolgreich weiter. In der Selbstdarstellung der Einrichtung wird dies wie folgt beschrieben:

> „In einer überschaubaren Wohngruppe im separaten Hafthaus G 3 erproben rund 15 Insassen mit einem festen Personalstamm unter den Rahmenbedingungen des Jugendstrafvollzugs eine ‚demokratische Gemeinschaft' nach Lawrence Kohlberg.

Die Beteiligten wählen ein Leitungskomitee aus zwei Insassen und einem Bediensteten, welches insbesondere der wöchentlichen Vollversammlung vorsteht, in der aktuelle Vorkommnisse und die Weiterentwicklung der hausinternen Regeln zur Sprache kommen und demokratisch entschieden werden. Ein Fairnesskomitee, in das ebenfalls zwei Insassen und ein Bediensteter gewählt werden, kann bei Konflikten einberufen werden, dieses kann moderieren und auch verbindliche Entscheidungen treffen.

Weitgehende Mitbestimmungsmöglichkeiten, Verantwortungsübernahme für Teilbereiche des Zusammenlebens, gemeinsame Mahlzeiten und gemeinsame Unternehmungen in der Freizeit, hin und wieder auch vor den Mauern, sind wesentliche Elemente der Vollzugsgestaltung in der Wohngruppe." (Justizvollzugsanstalt Adelsheim)

Lothar Kannenberg: „Durchboxen im Leben"

Das Projekt „Boxcamp" zur Behandlung oder Erziehung straffälliger männlicher Jugendlicher wurde in Deutschland um 2005 vor allem aufgrund seiner medialen Präsenz in privaten Fernsehsendern populär. Gegründet wurde es von Lothar Kannenberg, einem pädagogischen Laien, der vor allem durch seine Authentizität und eigene Lebenserfahrung punktet. Er selbst hat sein Konzept nicht publiziert. Er erzählte bei Veranstaltungen von frühen Alkoholexzessen, der Geburt der behinderten Tochter, als er 19 Jahre alt war und sich völlig überfordert fühlte, seiner Boxerkarriere und seiner vergleichsweise späten Drogenabhängigkeit mit Anfang 30. Er berichtete davon, wie er sich ein paar Jahre später als ungelernter Streetworker beim Jugendamt Kassel verdingte, nachdem ein Jugendlicher ihn angesprochen hatte: „So einen wie Dich, so einen bräuchten wir".

Lothar Kannenberg wählt einen durchaus ethnomethodologischen Zugang und geht mit der Haltung auf die Straße: „Ich will mal wisse, was die eigentlisch wolle" (so berichtet er in einem Vortrag). Er gründet wenig später sehr erfolgreich ein Jugendsozialprojekt als Boxcamp und 2004 den Verein „Durchboxen im Leben e. V.".

Kannenberg beschreibt die Jugendlichen als „Ausgegrenzte", denen man alles, beim Zähneputzen angefangen, sämtliche Grundregeln des menschlichen Zusammenseins auf einem zunächst sehr niedrigen, aber hochstrukturierten Niveau beibringen müsse, damit sie die Voraussetzung erfüllten, „ein wertvolles Mitglied der Gesellschaft“ zu werden.

Die pädagogische Beziehung definiert sich bei ihm durch die Vermittlung von Respekt, vor sich und vor anderen. Kannenberg verlangt von seinen pädagogischen Kräften – den Respekttrainern, die sich neben ihrer pädagogischen Qualifikation durch eigene Betroffenheit auszeichnen –, dass sie ihren Job als Berufung verstehen: „Wenn ein Respekttrainer bei mir durchs Gelände geht und ein auf den Boden gefallenes Taschentuch übersieht bzw. darauf wartet, dass es jemand anders aufhebt, dann ist er bei mir falsch …) Ich bücke mich selber den ganzen Tag“. Das versteht Lothar Kannenberg unter Respekt und man nimmt es ihm ab; da ist einer, der sich in aller Autorität bücken kann und sich dabei nichts zu vergeben scheint. Lothar Kannenberg überzeugt in dem Vortrag als charismatische Person. Je konkreter es allerdings wird, je mehr es um Tagesablauf und um die Inhalte geht, umso vager und blasser wird sein Vortrag. Es geht um Sport und um körperliche Ertüchtigung – eigentlich den ganzen Tag. Das Konzept heißt „An- und ausschwitzen“ – Ärger, Kummer, Renitenz, Trauma (…) eigentlich gibt es nichts, was nicht durch Schweiß zu heilen wäre. Lothar Kannenbergs Programm bleibt deutlich hinter seiner Person zurück, es stößt ab, wo die Person anzieht.

Das Projekt hat sich mit der geringen Differenz der Lebenserfahrungen zwischen den Klienten und dem Protagonisten in den Medien dargestellt und möglicherweise stellt dies – die Legitimation für konfrontative Pädagogik aus eigener Betroffenheit, also die Chance zur Identifizierung – auch eines der Erfolgsrezepte dieses Projektes dar:

Michael Galuske und Andreas Bohle stellten im Zwischenbericht der Evaluation des Projektes (Galuske 2010) fest, dass die Rückfallquote bei Jugendlichen, die das Programm komplett absolvieren, deutlich sinkt und sich im Rahmen von Einrichtungen ähnlicher Zielsetzung bewegt. Ein weiteres (vorläufiges) Ergebnis der Befragung von Jugendlichen im Rahmen der Evaluation war, dass man den Mitarbeiter*innen, die selbst z.T. aus der Szene kommen, „nichts vormachen kann“, denn „die schauen immer hin“, was als Unterscheidung zu ihren Erfahrungen aus den vorangegangenen Einrichtungen gelten kann. Insgesamt könnte, wobei dieser Befund noch vorsichtig einzuschätzen ist, für die Hälfte der Betroffenen der Aufenthalt ein Wendepunkt ihrer Karriere sein.

Um auf das gruppenpädagogische Konzept zurückzukommen: Das eigentliche Sagen im Boxcamp – und das ist natürlich ein gravierender Unterschied zu Makarenko und zum Anspruch von Winkler an Kollektiverziehung – hat nicht die Gruppe der Jugendlichen, sondern die Leitung der Erwachsenen, sprich Lothar Kannenberg und seine Respekttrainer. Er selbst schätzte vor der Evaluation die Erfolgsquote des Camps auf um die 80% ein (vgl. Wikipedia. Die freie Enzyklopädie 2018), während sie Galuske deutlich niedriger, bei ca. 50% einschätzt, bei denen sich eine deutliche Verbesserung zeigt

Positive Peerkultur

Das von der Universität Halle-Wittenberg forcierte und von der Körber Stiftung prämierte und geförderte Konzept der Positiven Peerkultur (Positive Peer Culture – PPC) wird seit Ende der 1990er Jahre in verschiedenen Bereichen der Sozialen Arbeit implementiert und weiterentwickelt (vgl. Opp & Unger 2006; Opp & Teichmann 2008). Die Ursprünge dieses Ansatzes kommen aus der Reformpädagogik in Deutschland in den 1920er Jahren und kehren nun über die USA wieder zurück.

Die Idee des Konzeptes ist es, in Gruppen – ob Schulklassen, Heimgruppen oder anderen Gruppen – eine Kultur und eine Struktur zu etablieren, in der Jugendliche Konflikte miteinander selbst klären und sich gegenseitig helfen. Dies erfordert von den Professionellen neue Orientierungen (vgl. Opp & Teichmann 2008: 17ff.). Erster wichtiger Ausgangspunkt ist die Orientierung an den Stärken der Jugendlichen: Wenn es diesen gelingt, Konflikte zu bewältigen und sich gegenseitig zu helfen, steigert dies in der Regel ihre Motivation und ihr Selbstvertrauen, so dass sich dieser Prozess im günstigen Fall verselbstständigt. Ein zweiter

Ansatzpunkt ist die hohe Bedeutung, die der Peergruppe für Jugendliche zukommt. Ihr Einfluss ist meist größer als der direkte Einfluss von Erwachsenen, so dass von der Gruppe ein größerer erzieherischer Effekt zu erwarten ist als von einer Erzieher*in, Lehrer*in oder von einem Elternteil. Da die Jugendlichen in Heimerziehung vor ihrer Aufnahme häufig zu prekären Peergruppen gehörten, müssen sie zunächst andere Erfahrungen erwerben, um die dort gelernten Verhaltensweisen und Erwartungen zu überprüfen und abzulegen, weshalb den Erwachsenen eine besondere Rolle in den Gruppensitzungen und Gesprächsgruppen zufällt, nämlich die, eine bisher nicht selbstverständliche Kultur des Gesprächs zu garantieren. Den Erfahrungen in prekären Cliquen stehen „interessenzentrierte Gruppen" gegenüber, die zur Selbstbildung, zu Leistungs- und Kompetenzerfahrungen führen können. In der positiven Gleichaltrigengruppe können Jugendliche eigene Strukturen, Spielregeln, Rituale und Orientierungen entwickeln, mit denen sie experimentieren können. An diese Chancen positiver Gleichaltrigengruppen will das Modell der positiven Peerkultur anschließen.

Ein dritter Ausgangspunkt der positiven Peerkultur ist die Kultur des Respekts. Opp und Teichmann schließen in ihrem Begriff von Kultur an Sigmund Freud an, der als Kultur „die ganze Summe der Leistungen und Einrichtungen (…)" verstand, „in dem sich unser Leben von dem Leben unser tierischen Ahnen entfernt und die zwei Zwecken dienen: dem Schutz des Menschen gegen die Natur und der Regelung der Beziehung der Menschen untereinander" (Freud 2001: 122f.).

Als weitere Voraussetzung beschreiben die Autoren die Notwendigkeit einer Haltung von Respekt gegenüber den Kindern und Jugendlichen und der transparenten Kooperation. Zur Professionalität gehört Distanz gegenüber eigenen Überzeugungen und Deutungen ebenso wie der Verzicht auf ein „Kontrollcurriculum" (Opp &Teichmann 2008: 25), d. h. auf ständige Überwachung der Jugendlichen. Damit korrespondiert dieses Konzept mit den im Folgenden an Partizipation und Etablierung einer Gruppenkultur orientierten Konzepten.

3.3 Gruppentherapie

Wir gehen an dieser Stelle kurz auf Gruppentherapien ein, denn diese haben sich in den letzten Jahrzehnten weit verbreitet und ausdifferenziert, der Begriff Therapie hat dabei oft an Trennschärfe zur Pädagogik verloren und Therapien unterscheiden sich häufig nicht eindeutig von pädagogischen Angeboten.

Gerade im Rahmen einer stationären Erziehungshilfe oder einer kinder- und jugendpsychiatrischen Behandlung oder auch beim Übergang zu einer ambulanten Form der Hilfe/Betreuung/Behandlung kann ein gruppentherapeutisches Angebot für Kinder und Jugendliche ausgesprochen hilfreich sein in Bezug auf Solidaritäts- und Feedback-Erfahrungen. Die Gruppe kann und soll natürlich auch ein Korrektiv darstellen und bestimmte eingeschliffene Muster in der Selbst- und Beziehungswahrnehmung („nie mag mich jemand“, „immer kriege ich es ab“) nachhaltig verstören und zur Modifikation anregen.

Betrachtet man die Angebote für Gruppentherapien für Kinder und Jugendliche in ihrer Selbstdarstellung im Internet, so gibt es thematisch Überschneidungen mit Kompetenztrainings und Sozialer Gruppenarbeit. Ein möglicher Unterschied, der sich bei unsystematischer Beobachtung ergibt, ist der, dass bei als therapeutisch benannten Angeboten die Störung und das Leiden stärker offizielles Thema der Gruppe sind – also das Thema der Gruppe nicht über die Gruppe hinausweist und der Kontext der Gruppe auch klarmacht, dass es um Veränderungsprozesse bei den Kindern und Jugendlichen geht, während bei Gruppenarbeit stärker ein außerhalb der Kinder stehendes Problem (wie z. B. bei Gruppen für Kinder aus Trennungs- und Scheidungsfamilien, einem Angebot der Erziehungsberatungsstellen Frankfurt a. M.). Als theoretischen Hintergrund benennen Anbieter sowohl die (kognitive) Verhaltenstherapie als auch bei tiefenpsychologischer Ausrichtung die Gruppenanalyse von Foulkes (1992).

Irvin D. Yalom, ein sehr bekannter amerikanischer Psychoanalytiker und Romanautor, hat sich auch in Fachbüchern mit Gruppentherapien bzw. mit Gruppenpsychotherapien auseinandergesetzt und beschreibt insbesondere bei stationären Gruppentherapien „ein buntes Nebeneinander von Gruppenarten, Strategien und Führungstechniken“ (2005: 20). Angesichts der großen Vielfalt von Angeboten – was nicht nur nordamerikanischen, sondern auch deutschen Verhältnissen entspricht – nennt Yalom bestimmte Kriterien, die beachtet werden müssen, möchte man stationäre Gruppentherapien durchführen. Beispielsweise kann Yalom zufolge eine Gruppentherapie nur dann im positiven Sinne funktionieren, wenn sie von dem gesamten Team getragen und als sinnvoll erachtet wird. Yalom weist weiterhin darauf hin, dass in Gruppentherapien oftmals etwas anderes passiert, als deren Namen suggerieren:

> „Oft sagt die offizielle Bezeichnung einer Gruppe wenig darüber aus, was sie tatsächlich macht. So bot zum Beispiel eine Station eine offizielle Psychotherapiegruppe an, die nur ein Mal pro Woche stattfand. Drei Mal wöchentlich dagegen traf sich abends die Tanztherapiegruppe einer ausgebildeten Tanztherapeutin, die nur für diese drei Termine angestellt war. Als ich die Gruppe besuchte und mich mit den Patienten über ihre Gruppenerfahrung unterhielt, erwies sich der Name ‚Tanztherapiegruppe‘ als deutliche Fehlbezeichnung: Tatsächlich handelte es sich um eine intensive (und effektive) Psychotherapiegruppe, die nur zwischendurch ein paar Bewegungsübungen einbaute (…) Betreut wurde sie von einer Laientherapeutin ohne formale psychotherapeutische Ausbildung aber mit herausragenden Fachkenntnissen.“ (Yalom 2005: 34)

Was hier für Erwachsenentherapien gesagt wurde, gilt gleichermaßen für Therapieangebote in der Kinder- und Jugendhilfe.

Ein Prinzip in der Gruppentherapie, das aber auch nicht trennscharf zu der Arbeit mit Gruppen allgemein zu verstehen ist, stellt die Markierung und Anerkennung der Subjektivität von Äußerungen und Mitteilungen dar und dies bietet überhaupt erst die Voraussetzung dafür, dass Intersubjektivität entstehen kann, was z. B. ganz praktisch auch das Reden in Ich-Botschaften bedeutet. Auch die Etablierung und die Gestaltung von Grenzen gehören zu einem gelingenden Gruppenprozess dazu und über deren Bildung entwickeln sich auch die Gruppenstrukturen in der Gruppentherapie (vgl. Mies 2006: 117).

„Eine Gruppe bietet die Möglichkeit, die eigene individuelle Gestaltung von Beziehungen in der Interaktion mit anderen zu erleben und zu verändern. Therapeutische Gruppen erleichtern solche Veränderungen, in dem sie Schutz und einen besonders geeigneten Rahmen (…) zur Verfügung stellen." (Staats & Dally 20014: 15)

Gruppentherapien gibt es etwa seit den 40er Jahren des letzten Jahrhunderts. Diese basierten zunächst auf den Prinzipien der Psychoanalyse und waren zunächst ausschließlich für Erwachsene konzipiert. In den 1960er Jahren kamen dann selbsterfahrungsorientierte Gruppenmethoden dazu, die von Anfang an gepaart waren mit einer Vorstellung von individueller Selbstverwirklichung (Rogers 1970). Das persönliche Wachsen sowie die Verbesserung der interpersonalen Kommunikation und Beziehungen stehen bei der intensiven Gruppenerfahrung in sogenannten Encountergruppen im Zentrum (ebd.: 12). Die Gruppenleitung vertraut dabei auf das Potenzial der Gruppe: Im Gruppenprozess nutzen einige Mitglieder der Encountergruppe spontan ihre Fähigkeit, sich der Not und dem Leiden der anderen Teilnehmer auf eine heilsame und förderliche Art zuzuwenden (ebd.: 29).

Tiefenpsychologisch oder analytisch orientierte Gruppentherapien zielen ebenso wie die tiefenpsychologische Einzeltherapie darauf ab, entwicklungsbedingte psychogene Störungen zu korrigieren und zu heilen (vgl. Angermaier 1994: 127). Es gibt innerhalb der tiefenpsychologischen Gruppentheorie unterschiedliche Möglichkeiten den Grad der Interaktion der Mitglieder zu steuern. Bei der Therapie durch die Gruppe wird sehr viel Wert auf die Interaktion der Mitglieder gewählt; die Gruppe wird gleichsam zur Realität. Bei der Psychoanalyse der Gruppe wird die Gruppe als Ganzes in den Fokus genommen und die Interventionen des Analytikers zielen auf alle Mitglieder ab. Bei der Psychoanalyse in der Gruppe wird hingegen der einzelne verstärkt in den Blick genommen (vgl. Angermaier 1994). S.H. Foulkes war einer der ersten Psychoanalytiker, der mit psychoanalytischen Prinzipien in Gruppen arbeitete, er ging u.a. davon aus, dass in der Gruppe der Einzelne mit den anderen neue Erfahrungen machen könne und andere Möglichkeiten habe, akzeptiert und verstanden zu werden und Resonanz zu bekommen, und er ging weiterhin davon aus, dass Spiegelphänomene mitunter schneller und effektiver genutzt werden könnten als in der Einzelanalyse (vgl. Gerland 2006: 23). In den meisten analytischen oder tiefenpsychologischen Gruppentherapien liegt der Fokus auf dem stattfindenden Übertragungsgeschehen zwischen den Teilnehmer*innen und zwischen den Teilnehmer*innen und der Analytiker*in.

Verhaltenstherapeutische Gruppentherapien basieren ähnlich wie die meisten sozialen Kompetenztrainings auf lerntheoretischen Annahmen. Die Gruppentherapeut*in hat u.a. die Aufgabe, ein Modell darzustellen, das an die Lösbarkeit der bestehenden Probleme und die Reduktion von Ängsten glaubt und die Gruppenmitglieder bei ihren Fähigkeiten zur Selbstregulation und dem Aufbau konstruktiver Sichtweisen auf ihre Probleme unterstützt (vgl. Angermaier 1994: 117 ff.).

Mit dem zunehmenden Einfluss systemischer und lösungsorientierten Sichtweisen reduzierte sich z.T. die Frequenz von Gruppentherapien, systemisch arbeitende Therapeut*innen betrachten die Gruppentherapie als eine Form der Kurzzeittherapie (vgl. Gerland 2006: 71). Die Praxis der systemisch orientierten narrativen Gruppentherapie setzt beispielsweise auf eine dialogische Haltung zwischen allen Beteiligten und schreibt der Therapeut*in die Rolle der Moderator*in und bescheidenen Expert*in zu (ebd.: 95 ff.). Lösungsorientierte Formen von Gruppenpsychotherapien zielen darauf ab, die Interaktionen zwischen den Gruppenmitgliedern zu verringern, gegenseitige Ratschläge zu vermeiden und den Einzelnen sehr bei der selbständigen Lösung seiner Probleme zu unterstützen (vgl. Angermaier 1994: 146 f.) Insgesamt zeichnet sich heute die Entwicklung in der Gruppenpsychotherapie weg von niedrigstrukturierten zu eher manualisierten und durchstrukturierten Verfahren ab.

Galuske (2007) vergleicht sozialpädagogische und therapeutische Interventionen und benennt dabei folgende Gemeinsamkeiten und Unterschiede:

1. Das „Ziel der Intervention" ist weitgehend identisch: Beide wollen Hilfen zur besser gelingenden Lebensbewältigung anbieten.

2. Der „Charakter der Probleme“ ist im sozialpädagogischen Kontext eher generalistisch (d.h. es geht um die Komplexität von Alltagsproblemen, im therapeutischen Kontext eher spezialistisch, Therapie reduziert auf Schlüsselprobleme).
3. In Bezug auf den „situativen Kontext der Intervention“ orientiert sich Sozialpädagogik alltagsnah, Therapie ist eher an spezifische Settings gebunden, also alltagsferner.
4. Auf den „Charakter der Intervention“ bezogen lässt sich Sozialpädagogik durch das Einlassen auf den Alltag (Netzwerke, alltägliche Ressourcen, flexible Formen der Interaktion und Problembearbeitung) kennzeichnen, während in der Therapie der Alltag durch das jeweils spezifische Setting und durch die Spezifik des jeweiligen therapeutischen Ansatzes verfremdet ist.
5. Auf die Klientel bezogen kann potenziell jeder Mensch mit (Alltags-)Problemen und (sozialen) Versorgungsinteressen Adressat*in von Sozialpädagogik werden, Therapien adressieren sich an Menschen mit ‚psychischen‘ Problemen, die Selektion geschieht durch den Charakter der Intervention. (vgl. Galuske 2007: 139)

Wir haben auf den vergangenen Seiten Konzepte und Arbeitsmodelle von Gruppenpädagogik und Gruppenarbeit beschrieben, die auch heute noch – obwohl sie zum größeren Teil schon vor langer Zeit erdacht wurden – ihre Gültigkeit und Aktualität behalten haben. Auf Seiten der Sozialen Gruppenarbeit stehen dabei Ansätze, die sich am Konzept der TZI orientieren, den eher verhaltensmodifizierenden und z.T. konfrontativen Konzepten gegenüber. Bei den Ansätzen, die aus der Heimerziehung kommen, wie Redl, Bettelheim, dominieren Ansätze, in denen die Gruppe als lohnender Lebensort (so ein IGfH-Programm aus den 1980er Jahren) gestaltet werden soll, als Ort der Nachsozialisierung, individuellen Unterstützung und Beteiligung.

Die unterschiedlichen Ansätze entstanden jeweils in und für spezifische Arrangements der Jugendhilfe. In der Praxis ist eine strikte Trennung etwa von Konzepten der Sozialen Gruppenarbeit und solchen der stationären oder teilstationären Hilfen nicht dienlich. In der Heimerziehung finden – neben Alltagsgestaltung – oft auch z. B. einmal wöchentlich strukturierte Gruppensitzungen statt, die dann den Charakter Sozialer Gruppenarbeit haben können. Mit Gruppen der Sozialen Gruppenarbeit können Ausflüge gemacht werden, bei denen dann nicht die Kommunikation in der Gesamtgruppe im Mittelpunkt steht, sondern die Interaktion zwischen Einzelnen oder Untergruppen.

Im nächsten Kapitel werden wir auf Veränderungen und Ausdifferenzierungen der Erziehungshilfen in den vergangenen Jahrzehnten eingehen und die Aktualität von alten und neueren Konzepten der Gruppenpädagogik in diesem Bereich überprüfen.

4 Gruppenpädagogik und Gruppenarbeit in spezifischen Arrangements in der Erziehungshilfe

Dieser Band bezieht sich auf Gruppenpädagogik in den Erziehungshilfen und wir haben in den vorangegangenen Kapiteln den durch die Allgemeinheit der Formulierung gemachten Anspruch noch nicht ganz eingelöst, sondern uns ganz weitgehend auf nur zwei Gruppenkonstellationen bezogen, in denen Gruppenpädagogik und Soziale Gruppenarbeit verortet werden können, auf Heimerziehung insbesondere in Kapitel 3.2, auf Soziale Gruppenarbeit insbesondere beim historischen Abriss in Kapitel 3.1 und bei der Schilderung von Methoden und Konzepten in Kapitel 2. Dabei blieb einerseits unberücksichtigt, dass in den Erziehungshilfen in den letzten Jahrzehnten weitere Hilfeformen entwickelt wurden (Tagesgruppen, sozialpädagogische Familienhilfe, Erziehungsbeistandschaft, intensive Einzelbetreuung), und andererseits, dass auch die Hilfeform der Heimerziehung sich inzwischen immer stärker ausdifferenziert hat.

Zu diesen Differenzierungen kommt noch hinzu, dass sich aus den Besonderheiten des jeweiligen Falls Erwartungen an die Hilfe ergeben, durch die von den verschiedenen „Auftraggebern" und anderen Außenstehenden sehr unterschiedliche Anforderungen an die Träger gestellt werden, so dass wir von *der* Gruppenpädagogik als solcher weder in einer bestimmten Hilfeform und schon gar nicht in den Erziehungshilfen sprechen können. Wir wollen deshalb in diesem Kapitel zunächst einige Besonderheiten der Gruppen in der Erziehungshilfe darstellen, die sich aus den strukturellen Rahmenbedingungen und gesetzlichen Grundlagen ergeben, danach versuchen, eine für den Aspekt Gruppenpädagogik passende Differenzierung der Erziehungshilfen zu entwickeln, um anschließend aktuelle Konzepte der Gruppenpädagogik für diesen Bereich vorzustellen.

4.1 Das Besondere von Gruppen in der Erziehungshilfe

„Ich geh dann mal auf Gruppe." Mit einem solchen Satz wird schon eine Besonderheit dieser Gruppen deutlich. Für Mitarbeiter*innen in der Heimerziehung ist eine solche Aussage selbstverständlicher Alltag, auf Nicht-Insider der Heimerziehung wird sie eher befremdlich wirken. Denn „Gruppe" ist im allgemeinen Verständnis eine Bezeichnung für eine spezifische Konstellation von Menschen und nicht für einen physikalischen Ort. In der Heimerziehung dagegen erscheint dies als Eines. Dort hat die Gruppe einen festen Ort und eine häufig wechselnde Zusammensetzung. Gruppe ist Bezeichnung eines Ortes, einer Organisationseinheit und einer Personenkonstellation mit unterschiedlich stabiler Zusammensetzung. Gruppenarbeit und Gruppenpädagogik sind für Praktiker*innen in den Erziehungshilfen herausfordernde Themen. Denn wer in einer Wohngruppe arbeitet, hat es jeden Tag mit einer Gruppe von Kindern und Jugendlichen zu tun, ist oft alleine mit sechs bis zwölf Kindern und Jugendlichen im Dienst. Manchmal erscheint dies äußerst belastend, die Gruppenkonstellation erscheint schwierig oder die Stimmung in der Gruppe gereizt und explosiv, dann wieder gibt es gelingende Momente von Gruppenleben, gute Stimmung in der Gruppe trägt zu einem entspannten Dienst bei, Arbeit wird fast zum Vergnügen.

Als wichtige Qualifikationen von Mitarbeiter*innen im Gruppendienst zur Bewältigung des Alltags in einer Gruppe gelten insofern die Fähigkeit, die Gruppensituation gut einschätzen zu können, sowie Durchsetzungsfähigkeit. An der Bedeutung dieser Anforderungen z. B. in Ausschreibungen und Einstellungsgesprächen wird sichtbar, dass man offenbar befürchten muss, die Kontrolle über die Gruppe zu verlieren, und dass man deshalb besondere Kompetenzen benötigt, um sich als Person gegen die gesamte Gruppe oder Teile dieser zu behaupten und Regeln und Anforderungen durchzusetzen.

Wir werden die Fragen nach den Zusammenhängen zwischen Organisationsformen und Konzepten im Folgenden immer wieder berühren, ohne dass wir die ganze Vielfalt, die sich in der

Praxis der Erziehungshilfen finden lässt, beschreiben und analysieren können und wollen.

4.1.1 Künstlichkeit des Arrangements

Die erste Besonderheit in den Erziehungshilfen ist die, dass die Gruppen durch institutionelle Entscheidungen der Jugendämter und Einrichtungen überhaupt erst gebildet werden. Das heißt, ohne die – mit Verwaltungsakt festgestellte – Notwendigkeit der Erziehungshilfe für die jeweiligen Kinder und Jugendlichen würden die Gruppen gar nicht bestehen. Nur der vom Jugendamt bestätigte besondere erzieherische Bedarf und der von den Sorgeberechtigten gestellte Antrag auf Hilfe zur Erziehung ermöglicht den Kindern und Jugendlichen die Mitgliedschaft in der Gruppe bzw. verpflichtet diese zur Mitgliedschaft. Zwar entstehen auch Schulklassen durch Behördenentscheidungen, sie bilden aber – nicht wie stationäre Gruppen in der Erziehungshilfe – keine Lebensgemeinschaft, sondern dienen dem klar definierten Zweck des schulischen Lernens. Tagesgruppen und Gruppen der Sozialen Gruppenarbeit sind in dieser Hinsicht einer Schulklasse deutlich ähnlicher als eine Wohngruppe. Noch deutlicher ist der Unterschied zur Arbeit mit sich selbst organisierenden bzw. sich aus dem Interesse der Mitglieder zusammenfindenden Gruppen, etwa in der Arbeit mit Fangruppen.

Als weiteren Aspekt der Künstlichkeit des Arrangements und als ein wesentliches Merkmal der Gruppen in den stationären Erziehungshilfen beschreiben Georg Landenberger und Rainer Trost die „Gegenstandslosigkeit der pädagogischen Beziehung“ (Landenberger & Trost 1988: 48). Es fehlt ein „existenzieller Interessenzusammenhang“, d. h. es existiert kein „gemeinsames Drittes“ (Landenberger und Trost greifen hier die Begriffe von Wedekind 1986 auf), so dass

> „die Individuen im Heim (…) – überspitzt gesagt – meistens sich selbst der Gegenstand (sind); die Behandlung von Problemen steht im Mittelpunkt ihrer Beziehungen. (…) Übrig bleibt eine ‚bloße Pädagogik‘

(Heinsohn & Knieper), die in einer Situation, in der zudem die sozialen Beziehungen nicht stabil und konstant sind, darauf angewiesen ist, abstrakte Regeln zu setzen, um eine Ordnung herzustellen, die ‚naturwüchsig' im Heim nicht entstehen kann." (Landenberger & Trost 1988: 48 f.)

Diese Kritik trifft auf Gruppen nach der Heimreform nicht mehr so eindeutig zu wie früher auf zentral versorgte Gruppen im klassischen Heim. Anders als Gruppen, die ausschließlich für pädagogische Zwecke konstruiert sind, haben sich selbst versorgende Wohngruppen als Organisationsform von Fremdunterbringung eine quasi natürliche Zielsetzung, die sich durch das Setting ergibt und nicht explizit pädagogisch konstruiert werden muss: die Bewältigung gemeinsamer Aufgaben zur Herstellung eines für alle befriedigend gestalteten Alltags – ähnlich einer Familie. Es gibt immerhin die Gestaltung der Lebensbedingungen als das gemeinsame Dritte, in dem heute sowohl die Kinder und Jugendlichen wie auch die pädagogischen Mitarbeiter*innen die meisten Aufgaben übernehmen (müssen). Dies unterscheidet Wohngruppen auch von Tagesgruppen, in denen z. B. hauswirtschaftliche Aspekte nicht in derselben Weise von Bedeutung sind und zur Strukturierung des Gruppenlebens beitragen.

4.1.2 Individuelle Hilfe innerhalb einer künstlich arrangierten Gruppenkonstellation

Erziehungshilfen sind individuelle Maßnahmen, d. h. Kinder und Jugendliche werden im Rahmen eines Hilfeplanverfahrens als jeweils Einzelne einer bestimmten Gruppe zugeordnet. Konstituierend für den Aufenthalt in einer Gruppe ist der individuelle Bedarf des jeweiligen Kindes oder Jugendlichen, das gilt auch für solche Gruppen, die sich auf einen bestimmten, aber individuell diagnostizierten Bedarf spezialisiert haben. Im Hilfeplan werden individuelle Ziele und ggf. methodische Schritte festgehalten, die dazu führen sollen, dass langfristige Ziele wie etwa die Rückkehr ins Elternhaus oder Verselbstständigung erreicht werden. Der Aufenthalt in einer Gruppe kann im Sinne des Arrangements eines Lernfeldes in der Hilfeplanung vorgesehen sein, kann aber auch als organisatorisches notwendiges Übel in Kauf genommen und nicht mit spezifischen Zielen für das Kind oder den Jugendlichen verknüpft werden. Gruppenmitglieder einer Wohn- oder Tagesgruppe verfolgen somit einerseits Ziele, die völlig unabhängig von denen der anderen Gruppenmitglieder sind, gleichzeitig bilden sie eine Lebensgemeinschaft bzw. verbringen einen großen Teil des Tages miteinander, Zeit, die sie gemeinsam gestalten können oder manchmal auch erleiden müssen.

Eine besondere Konstellation entsteht, wenn die Integration in eine Gruppe zugleich Ziel wie auch Methode darstellt. So ist *Gruppenfähigkeit* ein zentrales Erziehungsziel und somit die Herstellung von Gruppenfähigkeit ein Auftrag für die Erziehungshilfen. Denn ein Mensch, soweit er nicht als Einsiedler lebt, sollte in der Lage sein, mit anderen Menschen, d.h. auch mit Gruppen von Menschen zurechtzukommen. Einige Lebensbereiche – wie etwa die Schule – sind fast durchgängig in Gruppen organisiert und erfordern die Kompetenz des Einzelnen, in dieser Konstellation zu lernen und zu bestehen. Verfügt ein Kind nicht über diese Kompetenz, wird es schnell als „nicht gruppenfähig“ beschrieben, was dann nicht selten als Begründung für die Notwendigkeit des Einsatzes von Erziehungshilfen gilt.

Kritisch gesehen ist dabei Gruppenunfähigkeit allerdings eine irreführende, stark pauschalisierende und generalisierende Bezeichnung, denn häufig kommen diese Kinder und Jugendlichen in ihren selbst gewählten informellen Gruppen, Cliquen und Freundeskreisen gut zurecht. Außerdem sind in unterschiedlichen kulturellen und generationalen Kontexten unterschiedliche Kompetenzen gefragt, um von einer Gruppe akzeptiert zu werden, so dass Integrationsprobleme nicht nur unter dem Blickwinkel der Probleme des Einzelnen verstanden werden können, sondern auch unter dem der möglicherweise fehlenden oder nicht gelingenden Passung zwischen dem Einzelnen und einer bestimmten Gruppe. Konflikte entstehen bevorzugt in den formellen Gruppen, in denen von den jungen Menschen die Unterordnung unter die Gruppenregeln erwartet wird. Mit Gruppenunfähigkeit wird die fehlende Bereitschaft oder Fähigkeit, sich den Regeln der

Gruppe anzupassen, beschrieben. Damit wird dem Kind die Verantwortung für die Konflikte, die mit ihm in der Gruppe entstehen, zugeschrieben. Man vermutet Störungen in der Person oder in der Person begründete Voraussetzungen, Behinderungen oder Eigenschaften, die die Integration in der Gruppe unmöglich machen.

Gruppenunfähigkeit ist also einerseits Anlass für die Aufnahme in eine Gruppe im Rahmen von Erziehungshilfe, man verspricht sich, dass ein junger Mensch durch die Integration in eine Gruppe gruppenfähig wird. Anderseits ist Gruppenunfähigkeit bei Misslingen der Integration auch Grund für die Entlassung aus einer solchen Gruppe, für den Ausschluss. Gruppenfähigkeit ist also zum einen eine Kompetenz, die man in einer Gruppe oder in Gruppen lernen muss, zugleich – und scheinbar paradox – auch eine Kompetenz, die Gruppen als Bedingung für die Mitgliedschaft voraussetzen. Dies stellt geradezu eine konstituierende Bedingung für Gruppenpädagogik in den Erziehungshilfen dar. Es geht um die Arbeit mit Kindern und Jugendlichen, deren Schwierigkeiten sich häufig darin zeigen, dass sie u. a. in den für sie vorgesehenen Gruppensettings – vor allem in der Schule – auffallen, andererseits in pädagogischen Gruppen zusammengefasst werden, um eben diese Schwierigkeiten zu bearbeiten.

Aus der Logik der Mechanismen von Angebot und Nachfrage auch in der Jugendhilfe – dies ist ebenfalls ein Merkmal der Künstlichkeit des Arrangements – ergibt sich, dass Kinder und Jugendliche häufig nicht – bzw. *nicht wirklich frei* – entscheiden können, in welche Gruppe sie kommen, und die Gruppenmitglieder in der Regel nicht darüber, wer in ‚ihre' Gruppe aufgenommen wird. Im günstigen Fall geht der Aufnahme ein Vorstellungsgespräch voraus, bei dem man sich gegenseitig kennenlernen kann, in einigen Einrichtungen und/oder bei manchen Jugendämtern ist vorgesehen, dass die Heranwachsenden ihre Gruppe aus mehreren Angeboten auswählen können. Je stärker die Maßnahme von den Heranwachsenden als struktureller Zwang erlebt wird, desto geringer ist zunächst deren Motivation, sich konstruktiv auf den Gruppenprozess im Sinne eines Lernprozesses einzulassen. Der subjektiv erlebte Zwang kann im Gegenteil zur

Verweigerung der Mitarbeit führen, was sich dann in Äußerungen wie: „Wieso soll ich die Küche wischen, ich wollte doch gar nicht hierher. Ihr wolltet, dass ich hierher komm, also macht es doch selbst“ zeigen kann. Nicht-Beteiligung bei der Entscheidung für die Gruppe kann auf diese Weise von den Betroffenen zur Machtquelle umgemünzt werden, es kommt dann darauf an, Heranwachsende erst für diese Gruppe zu gewinnen.

Die ökonomischen Zwänge, die Einrichtungen dazu bringen, Kinder und Jugendliche aufzunehmen, auch wenn das für den Gruppenprozess als ungünstig angesehen wird, machen Tages- und Wohngruppen zu *Gruppen ohne Anfang und Ende.*

Im Rahmen der Sozialen Gruppenarbeit begegnen sich in der Regel alle der Gruppe zugeordneten Kinder und Jugendliche an einem festgelegten Zeitpunkt erstmals und die Gruppenarbeit startet etwa mit einem gemeinsamen Kennenlernen – Nachrücker und andere Ausnahmen werden tendenziell als eine Störung angesehen, die aber die Ausnahme bleibt. Durch den gemeinsamen Beginn ist der zeitliche Rhythmus für alle Mitglieder der Gruppe weitgehend gleich, die Gruppe kann gemeinsam wachsen.

In der Heimerziehung und in Tagesgruppen dagegen ist es üblich, dass Kinder und Jugendliche zu den im Einzelfall bestimmten Zeitpunkten in die Gruppe eintreten, ohne dass auf Gruppenprozesse Rücksicht genommen wird oder werden kann. Von Seiten der Einrichtung müssen – neben der Frage, ob ein Heranwachsender in die Gruppe passt – auch andere, insbesondere wirtschaftliche Gesichtspunkte berücksichtigt werden (ein für einen längeren Zeitraum unbesetzter Platz kostet die Einrichtung viel Geld) und dies kann zu Konflikten in der Gruppe führen.

Für die jeweiligen Mitarbeiter*innen des Jugendamtes und für die Eltern des Kindes oder Jugendlichen stehen nicht die Interessen der Gruppe im Vordergrund, sondern die Entwicklung, der Bedarf und das Wohl des Kindes oder Jugendlichen, für den die Gruppe vordergründig nur als Ort der Hilfeleistung gesehen wird. Kinder und Jugendliche kommen als einzelne in die Einrichtung und in eine Gruppe, in der sie häufig weder einen Erwachsenen noch ein anderes Kind oder Jugendlichen aus anderen

Zusammenhängen kennen. Da Wohngruppen und Tagesgruppen häufig von verschiedenen Jugendämtern, in der Regel zumindest von verschiedenen Sozialarbeiter*innen belegt werden, kennen diese Sozialarbeiter*innen in der Regel auch nicht die anderen Kinder oder Jugendlichen und können die Neuen nicht auf die konkrete Gruppe vorbereiten bzw. auch nicht beurteilen, ob und inwiefern sie in die Gruppe passen.

Im Zusammenhang mit den im letzten Kapiteln beschriebenen Gruppenprozessen bedeutet dies, dass sich nur im günstigsten Fall alle Gruppenmitglieder in derselben Gruppenphase befinden. Häufig fühlt sich zwar die Mehrheit der Gruppe als Gruppe, aber wenn ein etabliertes Gruppenmitglied entlassen wird, ein neues dazukommt und vielleicht noch ein anderes Gruppenmitglied in einer unsicheren Situation kurz vor einem Ausscheiden aus der Gruppe steht, weil die Eltern eine Rückkehr nach Hause erwägen, dann bringen solche Konstellationen große Unruhe in die Gruppe und können Frustration bei den etablierten Gruppenmitgliedern hervorrufen. Sie beeinträchtigen das, was in Gruppen möglich wäre.

Für jedes neue Mitglied bedeutet die Ankunft in einer bestehenden Gruppe eine besondere Herausforderung. Fast immer kommt es als Fremde in die Gruppe, ohne Kenntnis der Geschichte der Gruppe, der vergangenen Prozesse und Konflikte, ohne Kenntnis der Rollenverteilung in der Gruppe, der bestehenden Freund- und Feindschaften, der spezifischen Kultur der Gruppe. Die Vergangenheit der Gruppe ist nur durch Erzählungen zugänglich bzw. durch Interpretation des Beobachtbaren. Neuankömmlinge müssen sich orientieren, müssen versuchen, eine für sie gute Position in der Gruppe zu finden, und sind dabei vor allem auf ihre Vorerfahrungen angewiesen (vgl. Kap 1.3). Wenn sie über keine Erfahrung in der Erziehungshilfe verfügen, müssen sie auf ihre familiären Erfahrungen und Deutungsmuster – insbesondere mit ihren Geschwistern – zurückgreifen, um sich zu orientieren und eine ‚vorläufige‘ Rolle in der Gruppe zu finden.

Für die ‚alten‘ Gruppenmitglieder bedeutet jeder Wechsel eine Verunsicherung, oft eine Belastung, manchmal auch eine Chance. Ein neues Gruppenmitglied zieht möglicherweise die Aufmerksamkeit der Erwachsenen wie auch der anderen Kinder und Jugendlichen auf sich, und selbstverständlich muss sich auch das Gruppengefüge der neuen Situation anpassen. Die Position der alten Gruppenmitglieder und die Hierarchie in der Gruppe können sich verändern. Gruppenmitglieder, die vor der Ankunft der Neuen einen geringen Status und eine für sie selbst belastende Position in der Gruppe innehatten, können versuchen, diese Position weiterzureichen oder neue Bündnispartner zu finden.

Die strukturelle Missachtung der Gruppenprozesse durch die individualisierende Logik der Hilfen zur Erziehung wird auch bei der Entlassung der Kinder und Jugendlichen deutlich. Entscheidungen geschehen unabhängig vom Willen der unmittelbar Beteiligten: Entscheidungen über Entlassungen werden ebenso wie die über Aufnahmen im Rahmen der individuellen Hilfeplanung getroffen – ohne Beteiligung der Gruppe und auch ohne Rücksicht auf die Belange der zurückbleibenden Gruppenmitglieder, die sich daraufhin neu orientieren müssen. Oft ist es gerade so, dass genau die Gruppenmitglieder ausziehen, deren Ausscheiden die Gruppe am stärksten destabilisiert. Denn häufig werden natürlich diejenigen in ihr Elternhaus oder in die Selbstständigkeit entlassen, die ihre Verpflichtungen erfüllen, einen positiven Beitrag zum Gruppenleben leisten und nur noch wenige Konflikte mit Mitarbeiter*innen und anderen Gruppenmitgliedern haben. Diese Merkmale gelten ja gerade als Indikatoren dafür, dass sie die Hilfe nicht mehr benötigen und entlassen werden können. Ob sie allerdings in einem anderen Kontext dieselbe Reife zeigen wie in ihrer gewohnten Gruppe, ist nicht automatisch sichergestellt, vor allem, wenn sie eher zum Auszug gedrängt werden als selbst drängen. Ob sie dann durch den Verlust der Bezugsgruppe möglicherweise destabilisiert werden, wird weniger systematisch bedacht als erprobt. Die mögliche Destabilisierung der Gruppe durch das Ausscheiden des ‚Stabilitätsfaktors' liegt nicht im Ermessen der Gruppe/der Einrichtung und nicht im formalen Verantwortungsbereich des zuständigen Jugendamtes. Denn sowohl in die Einzelfalllogik wie auch in die Logik, dass jedes Jugendamt nur für seinen Fall die Kosten erstattet und nicht für die Gruppe als Ganzes, würde es nicht hineinpassen, dass eine Sozialarbeiter*in des Jugendamtes einen Jugendlichen in einer Gruppe wohnen lässt, weil es für die Gruppe gut sein könnte, dass ein bereits selbstständiger Jugendlicher, der positiv auf das Klima und die Kultur der Gruppe einwirkt, noch in der Gruppe bleibt.

In der Realität werden häufig Kompromisse gefunden, die die Auswirkungen der hier beschriebenen strukturellen Schwächen abmildern. Der Wechsel in betreute Wohnformen schafft Möglichkeiten der langsamen Ablösung von älteren Jugendlichen, die Kopplung von Wechsel der Kinder und Jugendlichen an Schuljahre schafft längere Phasen von Stabilität.

4.1.3 Gruppen in der Erziehungshilfe als besonderer Arbeitsplatz

Neben der Fluktuation der Kinder und Jugendlichen stellt der unterschiedlich häufige Wechsel von Mitarbeiter*innen in den Gruppen ein großes Problem dar. Mitarbeiter*innen gehen nicht nur nach dem Dienst nach Hause, in ihr privates Leben, während die Bewohner*innen einer Wohngruppe im Gruppenkontext verbleiben; ihnen steht auch jederzeit die Freiheit zu, ihr Arbeitsverhältnis zu beenden und die Gruppe – dies gilt bei allen Gruppenformen – zu verlassen. Solche Veränderungen können völlig unabhängig von der Dynamik der Gruppe entstehen, sie beruhen letztlich auf freien privaten Entscheidungen von Arbeitnehmerinnen.

> „Es besteht also ein strukturell unlösbarer Gegensatz zwischen den berechtigten Interessen der Erzieher als Arbeitnehmer auf der einen Seite und den ebenso berechtigten Bedürfnissen der Kinder und Jugendlichen auf der anderen, der in seiner ganzen Brisanz schon in der arbeitsrechtlichen Fortschrittlichkeit aber auch pädagogischen Fragwürdigkeit einer geregelten 40-Stunden-Woche offensichtlich wird." (Landenberger & Trost 1988: 53)

Reinhold Schone hat deshalb mehrfach für Arrangements langfristiger Heimerziehung mit gemeinsamen Beginn und Ende der

Gruppenphase – sowohl für Mitarbeiter*innen wie auch für Kinder und Jugendliche – plädiert (zuletzt in Hartwig u.a. 2010). In solchen Gruppen müsste sichergestellt werden, dass nach einer Startphase ausscheidende Gruppenmitglieder nicht durch neue ersetzt werden. Dadurch wäre es möglich, Kindern in Heimerziehung unnötige Verunsicherungen und sich ständig wiederholende Belastungen zu ersparen. Gleichzeitig könnten Wohngruppen durch größere innere Stabilität deutlich an pädagogischer Qualität gewinnen, indem Beziehungen längerfristig gestaltet und als Lernfeld genutzt werden.

4.2 Differenzierung der Gruppenkonstellationen als Ausgangspunkt von Gruppenpädagogik

Erziehungshilfe wurde im Verlauf ihrer Entwicklung immer weiter ausdifferenziert, in Deutschland hat sich dieser Wandlungsprozess 1989 im SGB VIII widergespiegelt, durch das neue Konzepte und Organisationsformen möglich wurden, so dass vielfältigere Gestaltungsmöglichkeiten bestehen.

Wir wollen im Folgenden anhand einiger Polaritäten Merkmale beschreiben, an denen sich Einrichtungen differenzieren, und so versuchen, den Kontext (vgl. Kap. 2, Globe) für konkrete gruppenpädagogische Konzepte fassbar zu machen. Wir lassen dabei die ambulanten Hilfen außer Acht. Auch wenn man Familienhilfe als Angebot an eine (Familien-)Gruppe betrachten kann, wollen wir dies nicht in die Thematik Gruppenpädagogik hineinnehmen.

Klassische Differenzierung stationärer Angebote: Familienähnlich (altersgemischt) – Peergruppen-ähnlich (altershomogen)

Ein schon lange bestehendes Grundmodell institutioneller Erziehung besteht im Kern darin, mit pädagogischen Gruppen die Struktur und die pädagogische Leistungsfähigkeit der *Familie* zu kopieren. Schon Pestalozzi beschrieb seine Modellgruppe in Stanz, die immerhin aus etwa 50 Kindern bestand, als Nachbildung einer Familie: „Ich wollte eigentlich durch meinen Versuch beweisen, daß die Vorzüge, die die häusliche Erziehung hat, von der öffentlichen müßte nachgeahmt werden, und daß die letztere nur durch die Nachahmung der Ersteren für das Menschengeschlecht einen Werth hat." (Pestalozzi 1882: 10) Wichern entwickelte in der von ihm gegründeten Einrichtung „Rauhes Haus" in Hamburg Ende des 19. Jahrhunderts andere familienähnliche Strukturen, in denen die Gruppen kleiner waren, die Mutterrolle tendenziell nicht besetzt war und der Hausvater (bei der Gründung, 1833, Wichern selbst) im Mittelpunkt stand (vgl. Sauer 1979; Niederberger 1997).

Mit dem Wandel der Familie in den letzten mindestens 150 Jahren hat sich auch die Vorstellung einer Familiengruppe in der Heimerziehung gewandelt. Die Zahl der Kinder in den Gruppen ist kleiner geworden und die der Erwachsenen angestiegen. Nach wie vor orientieren sich aber viele Pädagog*innen an einer der Elternrolle nachempfundenen Rolle, die Zusammensetzung der Gruppen orientiert sich häufig an der Altersmischung einer Geschwisterreihe. Erziehung soll ähnlich wie in der Familie vor allem im gemeinsamen Leben – quasi natürlich – geschehen, die jüngeren sollen von den älteren Kindern profitieren und mehr oder weniger explizit von diesen miterzogen werden. Kinderdörfer, viele Kleinstheime und auch Erziehungsstellen verfolgen in unterschiedlichen Abwandlungen heute dieses Konzept von – oft ‚vaterloser', die Rolle des außer Haus arbeitenden Elternteils bleibt unbesetzt (vgl. Freigang & Wolf 1981) – Familienähnlichkeit, in denen es darum geht, einen Lebensort zu schaffen, in dem die Grundbedürfnisse der Kinder ähnlich befriedigt werden können wie in einer als Ideal gesehenen Familie. Für Kinder, die kein Familienleben im herkömmlichen Sinn erlebt haben, verspricht man sich durch das ‚Reparenting' (Nachbeelterung) bessere Entwicklungschancen. Meist geht man davon aus, dass das Ermöglichen eines an der Normalität der Gesellschaft orientierten Aufwachsens mit stabilen Beziehungen für die Kinder ausreicht, da sie noch keine besonderen Schädigungen erlitten haben. Die Ähnlichkeit zu Familien kann dadurch noch erhöht werden, dass Mitarbeiter*innen in der Gruppe leben, wie das in Kinderdörfern, Kleinstheimen und Kinderhäusern häufig der Fall ist.

Die zweite Grundidee von Erziehung in der Heimgruppe ist das Verständnis der Gruppe als *Kollektiv* und wichtigste Erzieher*in für die Kinder und Jugendlichen, die z. B. in der DDR (ideologisch) sehr populär war. Wir haben dies im 3. Kapitel ausführlich vorgestellt. Die (möglichst oder annähernd) altershomogene Gruppe in der Heimerziehung und in der Tagesgruppenbetreuung wird heute allerdings kaum als Kollektiv gedacht, das pädagogische Konzept begründet sich eher mit dem ähnlichen Entwicklungsstand und den vergleichbaren Interessen der Kinder und Jugendlichen, denen man in einer homogenen Gruppe besser entgegenkommen kann.

Familienersetzende Angebote – familienergänzende Angebote

Bei familienersetzenden Hilfen wird meist an (Dauer-)Pflegefamilien oder Kleinsteinrichtungen gedacht, weil bei diesen Hilfeformen tatsächlich die ursprüngliche, dauerhaft fehlende oder nie vorhandene Familie durch eine strukturell ähnliche Form ersetzt wird. Als Bezeichnung einer Hilfeform wird dieser Begriff in der Regel dann benutzt, wenn das Arrangement eine überschaubare Größe hat, ein stabiler Bezugsrahmen zur Verfügung steht, sie also geeignet erscheint, einen vertretbaren Ersatz für eine Familie darzustellen.

Faktisch kann jede stationäre Hilfeform auch die Familie langfristig ersetzen, unabhängig davon, ob dies bei der Wahl dieser Hilfeform beabsichtigt war, unabhängig auch von den Strukturen. Häufig aber steht auch stationäre Hilfe mehr oder weniger langfristig neben der Familie und die Rückkehr an den Lebensort Familie wird angestrebt. Als familienergänzende Hilfen werden in der Regel alle ambulanten oder teilstationären Hilfen, aber auch Fünf-Tages-Gruppen wahrgenommen.

Kurz- bis mittelfristige Hilfen – dauerhafte Hilfen

Wenn Eltern ausfallen (etwa durch Tod oder Krankheit), entsteht eine dauerhafte Verantwortung der Gesellschaft, für das Wohl der Kinder und für eine dauerhafte Perspektive der Betroffenen zu sorgen. In anderen Fällen – bei Krisen oder Krankheiten von Eltern z. B. – ist eine kurzfristige Hilfe ausreichend, z. B. in der

Form von Erziehungsberatung, u. U. aber auch eine Hilfe in einer Gruppe, z. B. in einem Kinder- und Jugendnotdienst mit unbestimmter Dauer. Für die Möglichkeiten von Gruppenpädagogik sind dies sehr unterschiedliche Ausgangslagen.

Spezialisierte Angebote – unspezialisierte Angebote

Einrichtungen oder Gruppen in Einrichtungen können Angebote an bestimmte Zielgruppen richten, die sich insbesondere durch spezifische Problemlagen, Symptome oder Diagnosen der jungen Menschen auszeichnen und ein darauf ausgerichtetes Konzept. Ein weit verbreitetes Beispiel sind Gruppen für Kinder und Jugendliche mit seelischer Behinderung, oft besonders ausgerichtet auf Kinder mit ADHS, oder Gruppen für Kinder und Jugendliche mit sexuell übergriffigem Verhalten oder mit Opfererfahrung durch sexuellen Missbrauch, für Jugendliche mit Straffälligkeit und anderes mehr.

Auf der anderen Seite stehen Angebote, die sich auf eine heterogene Zielgruppe ausrichten. Meist ist die Nähe der Einrichtung zum Herkunftsort ausschlaggebend für die Wahl der Gruppe.

Verabredete Gruppentreffen/-sitzungen – Zusammenleben der Gruppe

Ob eine Gruppe sich mit allen Mitgliedern und den Mitarbeiter*innen regelmäßig zu einem verabredeten Zeitpunkt vollzählig trifft oder in einer Tagesgruppe sich Gruppenmitglieder untereinander oder mit Mitarbeiter*innen informell treffen, beeinflusst vor allem die Kommunikation in der Gruppe.

Während in der Sozialen Gruppenarbeit die Mitarbeiter*innen stets auch mit Blick auf die Gruppe als Ganzes handeln und interagieren, nehmen Mitarbeiter*innen in Wohngruppen und Tagesgruppen unterschiedliche Aufgaben und Rollen war. Einerseits tragen auch sie Verantwortung für die Gruppe als Ganzes, sie bearbeiten z. B. Konflikte in der Gruppe, beobachten die Einhaltung von Gruppenregeln und repräsentieren insofern die Rolle der Gruppenleitung. Auf der anderen Seite sind sie für individuelle Hilfeleistungen in einer Reihe von Einzelfällen zuständig, deren Zielsetzung außerhalb der Gruppe vereinbart wird. In dieser

Funktion sind sie Bezugsperson für einzelne Kinder oder Jugendliche, halten den Kontakt zu Eltern und Lehrer*innen, verwalten Taschengeld und vieles mehr. Diese Mehrfachrolle kann zur Diffusion beitragen, wenn ein Kind oder eine Jugendliche – und unter Umständen auch die Mitarbeiter*in – nicht weiß, ob es gerade mit ‚seiner/ihrer' Bezugserzieher*in oder mit der diensthabenden Gruppenleiter*in spricht und welche Information oder Reaktion zu welcher Rolle gehört.

Unterschiedliche Informationen und unterschiedliche Informationskontrolle

Der Unterschied zwischen einer Gruppenleiter*in der Sozialen Gruppenarbeit und einer Mitarbeiterin in einer Wohngruppe lässt sich unter anderem dadurch verdeutlichen, dass man idealtypisch den unterschiedlichen Alltag beider Mitarbeiter*innen miteinander vergleicht.

Mitarbeiter*innen in der Sozialen Gruppenarbeit konzentrieren sich stark auf die gemeinsame, von allen geteilte Gruppensituation, d.h. auf die vielleicht wöchentliche oder 14-tägige Gruppensitzung. Sie verfügen im Vorfeld über einige Informationen von Seiten des Jugendamtes über die einzelnen Kinder/Jugendlichen, sie haben möglicherweise auch außerhalb dieser Sitzungen Kontakte zu diesen, zu deren Eltern und deren Umfeld. Im Mittelpunkt steht jedoch die Arbeit mit der gesamten Gruppe, in der auch die vereinbarten Ziele erreicht werden sollen. Die Mitglieder der Gruppe treffen sich in der Regel nicht außerhalb der formellen Gruppensitzungen, wenigstens nicht als Gesamtgruppe.

Mitarbeiter*innen in Wohngruppen sind mit den Kindern und Jugendlichen – wenigstens partiell – in einen gemeinsamen Alltag eingebunden, in dem sie gewollt oder ungewollt eine Reihe von Informationen erhalten, die Mitarbeiter*innen in der Sozialen Gruppenarbeit in der Regel nicht zur Verfügung stehen. Sowohl die Kinder und Jugendlichen als auch die Mitarbeiter*innen haben in einer Wohngruppe weniger Kontrolle darüber, was die anderen über sie erfahren. Neben den bewusst gegebenen Informationen erfahren die anderen viel über das tatsächliche Verhalten, über nonverbale Signale, körperliche Reaktionen u. a. Kinder wissen dann etwa, was die Erwachsenen gerne oder gar nicht essen, wie oft die Partnerin oder der Partner während der Dienstzeit anruft, mit welcher Laune sie morgens aufstehen.

In Wohngruppen können Mitarbeiter*innen zum Teil exklusive Beziehungen zu einzelnen Kindern und Jugendlichen aufbauen, erfahren oft viel über diese sogenannten Bezugskinder und ihre Familien, nicht selten werden ihnen auch Dinge anvertraut, die die Kinder und Jugendlichen vor der Gruppe bisher geheim gehalten haben und auch weiter geheim halten wollen. Mitarbeiter*innen erfahren in Einzelgesprächen häufig Dinge, die in der Gruppe bzw. in Teilen der Gruppe in Abwesenheit von Mitarbeiter*innen geschehen und manchmal erhalten sie dabei auch Informationen, die Mitarbeiter*innen nicht übergehen können, die in irgendeiner Weise bearbeitet, weitergegeben oder besprochen werden müssen. Unterschiedliche Nähe zu Jugendlichen, daraus resultierend unterschiedliches Verständnis für die Sichtweise einzelner Jugendlichen, kann Unparteilichkeit und Unvoreingenommenheit entgegenstehen.

Anders als bei der Sozialen Gruppenarbeit treffen sich die Gruppenmitglieder und Mitarbeiter*innen in verschiedensten Konstellationen und kommunizieren auf unterschiedliche Art und Weise. Die gemeinsame Kommunikation, etwa bei Mahlzeiten oder Gruppenabenden, stellt nur einen Ausschnitt aus der Gesamtkommunikation dar, von anderer Kommunikation sind stets Teile der Gruppe ausgeschlossen. Es kann unterschiedlich stabile Untergruppen geben, Geheimnisse und Verabredungen, in die manchmal auch Mitarbeiter*innen einbezogen sind, u. U. auch Intrigen – ohne Einbeziehung von Mitarbeiter*innen, die insbesondere dann, wenn sie nicht angesprochen werden, die Kommunikation in der Gesamtgruppe behindern.

Mitarbeiter*innen haben als Einzelpersonen eine schwierige Position, da sie aufgrund des Schichtdienstes häufig abwesend sind und dies nur durch gute Kommunikation untereinander kompensieren können. Wenn sie zu ihren Diensten in die Gruppe kommen und zuvor manchmal mehrere Tage nicht anwesend waren, verfügen die Kinder und Jugendlichen über einen Wissensvorsprung über das Gruppengeschehen. Darüber hinaus kennen die Kinder und Jugendlichen die Unterschiede zwischen den Mitarbeiter*innen im Hinblick auf ihr Verhalten und ihre Handhabung der Regeln, sie können sich gegenseitig in ihrem unterschiedlichen Verhalten gegenüber den einzelnen Mitarbeiter*innen beobachten, kennen also die Alltagsgruppenkonstellation besser als die Mitarbeiter*innen.

Mitarbeiter*innen wissen also unter Umständen mehr von den Kindern und Jugendlichen als diese voneinander wissen, auf der anderen Seite kommunizieren die Kinder und Jugendlichen einer Gruppe häufig in Abwesenheit von Mitarbeiter*innen miteinander in verschiedenen Gruppierungen und teilweise auch in der Jugendlichengruppe als Ganzes. Anders als in der Sozialen Gruppenarbeit, in der sich die Gruppenmitglieder in der Regel nur in der Gruppensitzung treffen, kann in einer Wohngruppe ein Raum entstehen, in dem gruppendynamische Prozesse stattfinden, ohne dass Erwachsene die Chance haben, diese Prozesse zu beobachten oder zu beeinflussen. Sie können bestenfalls die Dynamik auf der Grundlage ihrer Beobachtungen über Veränderungen in der Gruppe rekonstruieren oder sich diese von Mitgliedern der Gruppe erklären lassen.

Ein weiterer Unterschied besteht in der Besetzung der Rolle der Gruppenleiter*in: In einer Wohngruppe wird diese Rolle – etwa bei den Mahlzeiten, bei denen alle Kinder und Jugendlichen anwesend sind – von den jeweils Diensthabenden wahrgenommen. In Sozialer Gruppenarbeit und Trainingskursen kann diese Position von einer Person oder zwei Personen durchgängig besetzt werden.

4.3 Wohn- und Tagesgruppe als planvoll gestaltetes Lernfeld

Auch wenn Wohngruppenerziehung und Erziehung in der Tagesgruppe in der Hilfeplanung als individuelle Maßnahme geplant sind, so sind doch die Kinder, Jugendlichen und Mitarbeiter*innen dadurch miteinander verbunden, dass sie gemeinsam das Leben in der Gruppe gestalten können und müssen. Die Chance, dass dieser Prozess pädagogisch strukturiert werden kann, ist umso höher, je freiwilliger die Kinder und Jugendlichen dieser Gruppe angehören, je geringer die Fluktuation auf deren Seite und auf der Seite der Mitarbeiter*innen ist und je größere Entscheidungsfreiheiten und Partizipationsmöglichkeiten zur Gestaltung des Gruppenlebens von der Institution und den Jugendämtern eingeräumt werden.

Aus der Studie von Hartwig u.a. (2010) wurde deutlich, dass das vorherrschende Konzept in Regelgruppen in der Heimerziehung darin besteht, den Kindern einen strukturierten Alltag vorzugeben, der weitgehend durch die von den Erzieher*innen vorgegebenen Regeln definiert ist. Ein solches Regelsystem soll einerseits das Ankommen in der Wohngruppe erleichtern und zum anderen Sicherheit und Orientierung bieten. Die Mitarbeiter*innen begründen die hohe Bedeutung des Regelsystems mit der Notwendigkeit eines strukturierten Alltags, der es möglich macht, dass die Kinder und Jugendlichen ihre Verpflichtungen wie Schulbesuch oder Ausbildung erfolgreich erfüllen. Ein strukturierter Alltag ist sozusagen ein Gerüst, um die individuellen Zielsetzungen zu erreichen. Eine grundlegende Klarheit über die Gestaltung des Zusammenlebens wird dabei als Voraussetzung gesehen, andere Lern- und Bildungsprozesse zu ermöglichen. Regeln, die vom einzelnen Gruppenmitglied nicht in Frage zu stellen sind, gelten als Entlastung, die Raum schafft für die Auseinandersetzung mit anderen Themen.

Vielfach besteht neben den Grundregeln für das tägliche Zusammenleben auch so etwas wie ein Curriculum zur Verselbstständigung, d.h. ein Programm zur Vermittlung von Fähigkeiten und Gewohnheiten, die für das Leben in Selbstständigkeit als hilfreich und notwendig angesehen werden und ebenfalls eine Grundsicherheit vermitteln sollen. Auch dieser Verselbständigungsplan wird vielfach von den Mitarbeiter*innen vorgegeben und durch seinen Nutzen für die Jugendlichen legitimiert.

Für die Kinder und Jugendlichen ist es – so ein Ergebnis dieser Studie – von zentraler Bedeutung, dass der Umgang mit Regeln gerecht erfolgt. Das bedeutet nicht, dass alle Kinder und Jugendlichen gleich behandelt werden sollen, sondern dass die Gewährung von Ausnahmen begründet und transparent ist. In fast allen Gruppen, die in dem Projekt befragt wurden, wurden die Regeln flexibel gehandhabt, aber behielten dennoch ihre Gültigkeit, wurden also im Sinne von Redl (Redl & Fatke 1987) elastisch gehandhabt.

Eine geregelte Alltagsstruktur und verlässliche Versorgung sind zugleich auch die Voraussetzung für selbstgesteuerte Bildungs- und Erziehungsprozesse unter den Kindern und Jugendlichen. Auf der Basis einer gesicherten Struktur kann den Kindern und Jugendliche Raum gegeben werden, ihr Leben selbst – wenigstens in einzelnen abgegrenzten Bereichen – zu regulieren. Dass diese Chance zur Partizipation genutzt wird, zeigte sich in der Studie von Hartwig u. a. (2010) darin, dass ein Teil der Gruppenmitarbeiter*innen in der Befragung die gesetzten Regeln als Ausgangspunkt für Aushandlungsprozesse mit den Gruppenmitgliedern beschrieb.

In anderen der untersuchten Gruppen wurde das Regelgerüst als personenunabhängig gesetzter Bestandteil des Gruppenlebens beschrieben. Als Begründung hierfür lässt sich zusammenfassen, dass die soziale Instabilität der Gruppe es mühsam oder unmöglich erscheinen lässt, die Regeln immer wieder neu mit den Kindern und Jugendlichen zu verhandeln. D. h. auf der anderen Seite, dass die strukturellen Probleme der Heimerziehung (immer noch oder wieder) dazu führen, dass Heranwachsenden Lernchancen vorenthalten werden.

Als Lernfeld in Wohn- und Tagesgruppen wird von Mitarbeiter*innen wie Heranwachsenden nicht nur die Alltagsgestaltung herausgehoben. Als wichtiger Bereich gilt auch die Vorbereitung und Durchführung von gemeinsamen Unternehmungen. Solche Aktionen gelten als wichtiges Medium zur Herstellung und Erhaltung von Gruppenzusammenhalt, zur Gruppenbildung und zur Vermittlung von Selbstwirksamkeitserfahrungen. Gestaltung von Freizeit ist ein Bereich, der wenig durch institutionelle Vorgaben oder Vereinbarungen aus der Hilfeplanung vorbestimmt ist und daher mehr Spielräume für Mitarbeiter*innen und Kinder und Jugendliche offenlässt für gemeinsame Entscheidungsfindung, Delegation von Verantwortlichkeiten und offene Experimente. Durch Nutzung von z. B. erlebnispädagogischen Methoden können Gruppen anders erfahren werden als in ihrem Alltag, es kann gelingen, Vertrauen zu schaffen und neue Gruppenmitglieder zu integrieren, aber auch schwelende Konflikte in einem anderen Kontext zu bearbeiten.

4.3 Gruppenpädagogik als Etablierung einer Gruppenkultur

Der Begriff Gruppenkultur tauchte schon an mehreren Stellen in diesem Band auf. Hier wollen wir erläutern, inwiefern durch eine Gruppenkultur die pädagogische Arbeit in einer Gruppe erleichtert oder erschwert werden kann.

'Kultur' ist zunächst ein schillernder Begriff, mit dem Vieles und Unterschiedliches gemeint sein kann. Man spricht von Hoch- und Subkultur, Organisationskultur, Jugendkultur, Unterschichtskultur oder der Kultur der alten Ägypter etc. Hier nur so viel: 'Kulturen' bezeichnen keine niedergeschriebenen Regelwerke, aber dennoch sind sie für ihren spezifischen Geltungsbereich verbindlich und mächtig. Es handelt sich dabei um (historisch gewordene) *Praxen*, d. h. diskursiv und normativ verbindlich gemachte Art und Weisen des praktischen Tuns. Sie schließen Bestimmtes aus, ermöglichen Anderes. Man muss dabei die dieses Handeln anleitenden (kulturellen) Gebote nicht unbedingt explizit kennen, denn man wächst quasi unbewusst in sie hinein und muss sich daran halten. Verstöße gegen sie werden bemerkt und führen zur Irritation, wie Wolf am Beispiel von Familienkulturen beschreibt (vgl. Wolf 2006: 231 ff.). Es handelt sich also um – in der Regel nicht hinterfragte – Selbstverständlichkeiten, um Regeln und Rituale, die für einen spezifischen Bereich gelten und deren Befolgung von allen dieser Kultur zugehörigen Menschen erwartet wird. Sie zielt auf eine – innere, d. h. verinnerlichte – Kontrolle des Einzelnen durch die Gemeinschaft ab, ermöglicht aber eben auch bestimmtes, im jeweiligen Kontext kompetentes, erfolgreiches Handeln.

Im 1. Kapitel haben wir beschrieben, dass viele der Jugendlichen, die sich in öffentlicher Erziehung befinden, aus Peergruppen kommen, in denen gesellschaftlich nicht akzeptierte Verhaltensweisen wie Drogenkonsum, Gewalt, Schulschwänzen u.ä. zum selbstverständlichen Alltag gehören und von den Gruppenmitgliedern geteilt werden, um ‚dazuzugehören' und nicht in der Gruppe als Außenseiter*in zu gelten. Zu diesen devianten Peergruppen, wie zu allen anderen auch, gehören – wie gesagt – bestimmte Werte, die sich u.a. in Ritualen, spezifischen Statussymbolen, sprachlichen Besonderheiten ausdrücken.

Ein Heranwachsender, der neu in eine Wohngruppe kommt, wird in der Regel aus seinem Alltagszusammenhang oder seiner Clique herausgelöst und kommt in eine Gruppe, deren formelle Regeln ihm zwar bald mitgeteilt werden, deren informelle Regeln er sich aber im Verlauf der Zeit erst erschließen und aneignen muss. Er stellt sich Fragen wie: „Ist es unter den Jugendlichen okay, wenn man Erwachsene austrickst?", „Was passiert, wenn man Mist baut und nicht dazu steht?", „Wo und mit wem muss man bestimmte Dinge ansprechen?".

Die Antworten auf solche Fragen verraten etwas über die Kultur der Gruppe, über das, was selbstverständliche Erwartung ist und nicht nur eine Regel, die man auch unterlaufen kann. Die Kultur beinhaltet einen Verhaltenscodex für alle, und es ist attraktiv, dazuzugehören, wenn der Status der Gruppe hoch ist. Gelingt es, eine solche Zugehörigkeit fördernde und für alle attraktive Gruppenkultur zu etablieren, so dass Kinder und Jugendliche diese internalisieren und hüten, verringert sich die Notwendigkeit, dass Erwachsene steuern und kontrollieren müssen. Das ‚Zauberwort' zur Erreichung einer solchen Gruppenkultur im Alltag lautet ‚Beteiligung'.

Etablierung einer Gruppen- und Einrichtungskultur durch Beteiligung

Beteiligung wurde in Deutschland vor allem im Zusammenhang mit der UN-Kinderrechtskonvention zum wichtigen Thema der Kinder- und Jugendhilfe und in jüngster Zeit auch der Bildung. International bedeutsam war auch die Initiative „Quality-4-children“, aus der verschiedene Beteiligungsprojekte und Ideen hervorgegangen sind (vgl. Wolff & Hartwig 2013).

Partizipation lässt sich zum einen rechtlich begründen, zum anderen demokratietheoretisch – denn demokratisches Handeln lässt sich schwerlich in undemokratischen Verhältnissen ohne Beteiligungsmöglichkeiten lernen, und nur durch erlebte Selbstwirksamkeit in demokratischen Strukturen und Prozessen können Menschen zu überzeugten Demokraten werden (vgl. z. B. Neill 1967; Stork 2007). Schließlich lässt sich die Notwendigkeit von Partizipation auch bildungstheoretisch begründen: Teilhabe ermöglicht Lernprozesse. Wenn Kinder und Jugendliche nicht nur Lösungen konsumieren, sondern sich Probleme aus mehreren Perspektiven erarbeiten, um für alle tragbare Lösungen zu finden, lernen sie viel mehr für ihr selbstständiges Leben als bei fremdbestimmten und möglicherweise auch manchmal besser erscheinenden Lösungen.

Wie lässt sich eine Einrichtung oder Gruppe beschreiben, in der die Beteiligung von Kindern und Jugendlichen gelingt? Geltendes Recht – etwa die Rechte der Eltern oder das Jugendschutzgesetz – wird nicht außer Kraft gesetzt. Mitarbeiter*innen handeln im Auftrag der Eltern an deren Stelle und stellen nicht alles zur Disposition, etwa die Schulpflicht. Wichtig ist aber, dass die vorhandenen Spielräume für Beteiligung und deren Grenzen den Kindern und Jugendlichen bekannt sind, erklärt und transparent gemacht werden. Die Regeln des Zusammenlebens werden im gemeinsamen Gespräch erörtert, Kinder und Jugendliche haben die Möglichkeit, sich in allen Lebensbereichen einzubringen. Themen für Beteiligung sind vielfältig: Das geht los mit dem Putzplan, dem Essensplan u. ä. über die Vereinbarung von Zeiten der Anwesenheit über die Frage von Handy- und Internetnutzung in der Einrichtung bis zu möglichen Sanktionen bei Regelverstößen. Auf der individuellen Ebene zeigt sich Beteiligung vor allem in der Einbeziehung in die Auswahl der Einrichtung, in das Hilfeplanverfahren, in die Vorbereitung von Hilfeplangesprächen über die Klärung der Gestaltung und der Häufigkeit von Elternkontakten bis zur Klärung der Perspektive und des Zeitpunkts des Ausscheidens.

Den Kindern und Jugendlichen wird respektvoll und wertschätzend als Menschen mit eigenen Rechten (und begrenzten Entscheidungsmöglichkeiten) begegnet. Diese Art des Umgangs, d.h. diese Haltung gegenüber den Heranwachsenden muss durch eine Einrichtungskultur getragen sein, die sich über die gesamte Einrichtung erstreckt. Das bedeutet unter anderem in der Einrichtung, dass die Leitung eine solche Kultur mitträgt, Mitarbeiter*innen beteiligt, ihnen Entscheidungsmöglichkeiten und Eigenverantwortung in deren jeweiligen Arbeitsbereichen überlässt, Entscheidungen mit den Betroffenen und nicht über die Betroffenen fällt. Denn nur wenn Mitarbeiter*innen nicht Regeln vertreten, hinter denen sie selbst nicht stehen, sondern etablierte Spielräume haben, die sie selbst innerhalb der Einrichtung aushandeln können, können sie ihrerseits auch Beteiligung der Kinder und Jugendlichen zulassen. Das bedeutet auch, dass Beschwerdeverfahren bekannt und niedrigschwellig zugänglich sind, es sog. Ombudsfrauen oder -männer gibt, dass Zuständigkeiten von Gremien – wie etwa die eines Kinderrates oder einer Gruppenversammlung – tatsächlich geachtet werden.

Eine beteiligungsorientierte Gruppenkultur, und hier wollen wir noch einmal auf die Besonderheiten der Gruppen in der Erziehungshilfe zurückkommen, ist umso mühsamer herzustellen und zu erhalten, je größer die Fluktuation der Gruppenmitglieder und Mitarbeiter*innen ist. Häufige Veränderungen der Gruppenzusammensetzung, das Ausscheiden eines bedeutsamen Trägers und Garanten der Gruppenkultur – Jugendliche/r ebenso wie Mitarbeiter*in – können die Kultur insgesamt zerstören; es ist dann nichts mehr selbstverständlich. Der ständige Wechsel zwingt zu Wiederholungen – jedes neue Gruppenmitglied hat das Recht, dass man es genauso ernst nimmt wie die inzwischen etablierten Gruppenmitglieder, für die dadurch manches immer wieder von vorne anfängt.

Dennoch gilt wohl heute, dass Beteiligung als wichtige, wenn nicht entscheidende Ressource einer gelingenden Gruppen- oder Einrichtungskultur angesehen wird. Hans-Ullrich Krause (Krause & Peters 2013: 59ff.) benennt zehn Voraussetzungen für erfolgreiche Partizipation, insbesondere die Haltung der Mitarbeiter*innen, deren Methodenkenntnisse, Selbstreflexion, Transparenz, auf Seiten der Institution Offenheit, Transparenz, Flexibilität, Fehlerfreundlichkeit und Beteiligung. Diese Ressourcen für den Alltag in der Gruppe können nicht durch Beschluss des Trägers erzeugt werden, sie „werden gemeinsam erzeugt“ (ebd.: 62), wohl aber müssen die Rahmenbedingungen dafür von Träger und Leitung geschaffen werden.

4.4 Gruppenpädagogik als begleitete Gruppenerfahrung

Wir haben vorhin beschrieben, dass Mitarbeiter*innen in teilstationären oder stationären Gruppen Kindern und Jugendlichen sowohl in Eins-zu-eins-Situationen, im Gruppenalltag wie auch in strukturierten Gruppensituationen begegnen. In diesen unterschiedlichen Konstellationen können sie Unterschiede im Verhalten, in der Art zu kommunizieren und des ‚In-Beziehung-Seins‘ erleben und vergleichen und im günstigen Fall ihre Beobachtung mit den Kindern und Jugendlichen und/oder mit der Gruppe bearbeiten. In den folgenden Abschnitten wollen wir die sich daraus ergebenden Chancen für systematische, methodisch reflektierte Gruppenpädagogik darstellen. Wir greifen dabei noch einmal sehr kurz den in Kapitel 3 beschriebenen Ansatz von Fritz Redl auf, um daran anschließend auf die Idee der Positive Peer Culture einzugehen, bei der – analog zu Redls Life-Space-Interview mit dem einzelnen Jugendlichen – mit einer Gruppe eine Möglichkeit hergestellt wird, Konflikte und Probleme systematisch zu bearbeiten. Behnisch u.a. (2013) haben aus dem für Soziale Gruppenarbeit konzipierten TZI-Modell Methoden entwickelt, die eine Anwendung in diffuseren Konstellationen wie Tages- und Wohngruppen ermöglicht. Diese Themenzentrierte Prozessanalyse als Instrument der Reflexion von Gruppenprozessen stellen wir zum Abschluss dieses Abschnittes vor.

Deeskalation als Ich-Unterstützung

In Kapitel 3 haben wir als ein Beispiel für die Verbindung zwischen Gruppenpädagogik und Arbeit mit einzelnen Kindern bereits den Ansatz von Fritz Redl kurz vorgestellt. Aus seiner Sicht stellt es eine der zentralen Aufgaben der Mitarbeiter*innen dar, Kinder davor zu schützen, in der Gruppe die Kontrolle über das eigene Ich zu verlieren und so eine Eskalation zu provozieren. Redl hat eine Reihe von Techniken beschrieben, mit denen Kinder und Jugendliche in der Gruppensituation erreicht werden können, bevor die Schwelle zur Eskalation überschritten ist. Solche Techniken zur „Steuerung aggressiven Verhaltens bei Kindern“ (Redl 1993) können die rechtzeitige Ablenkung von einem heiklen Thema sein, eine Berührung an der Schulter oder aber auch eine (Redl nennt es „antiseptische“) Entfernung aus einer kritischen Situation, solange dies noch ohne Zwang möglich ist. Voraussetzung dafür, dass solche Eingriffe wirksam sind, ist zum einen, dass der Mitarbeiter/die Mitarbeiterin die Gruppe und ihre Dynamik gut einschätzen kann, zum anderen, dass das Kind bzw. der Jugendliche eine Vertrauensbeziehung zu diesem Erwachsenen hat und sich so durch die Intervention nicht reglementiert fühlt, sondern sie als Unterstützung für sich annehmen kann. Der Erwachsene sollte dafür in der Situation einschätzen können, wie tragfähig seine Beziehung zu dem Kind oder Jugendlichen ist, welche Konflikte er möglicherweise auslöst und ob es dem Kind oder Jugendlichen möglich ist, mit seiner Unterstützung aus der Situation herauszukommen. Eine institutionelle Voraussetzung für solches Handeln ist eine Besetzung der Gruppe mit mindestens zwei Mitarbeiter*innen, so dass sich ein Erwachsener ganz auf ein Kind konzentrieren kann. Jede Praktiker*in weiß, dass das Risiko einer eskalierenden Gruppendynamik besonders hoch ist, wenn ein Erwachsener alleine in der Gruppe ist; es erhöht sich weiter, wenn dieser die Gruppe nicht gut kennt und zu keinem der Gruppenmitglieder eine engere Beziehung hat.

Peer Group Counseling

Zum Glück besteht der Alltag in Tages- und Heimgruppen nicht und auch nicht annähernd überwiegend aus Eskalationen bzw.

deren Verhinderung, auch wenn (alte und ‚mitgebrachte' wie aktuelle) Konflikte und deren Bearbeitung ebenso wie die gemeinsame Erarbeitung von Regeln, Verfahren und Kommunikationsabläufen dazugehören.

Im Rahmen der Etablierung von positiver Peerkultur in der Heimerziehung wurden aus verschiedenen Projekten Methoden vorgestellt (Opp & Teichmann 2008; Opp & Unger 2006), deren Ziel es ist, Kinder und Jugendliche dabei zu unterstützen, Konflikte untereinander nicht dadurch zu bewältigen, dass sie die Verantwortung für die Lösung oder mögliche Bestrafung eines Schuldigen an die Erwachsenen abgeben, sondern dass sie diese Konflikte in eigener Verantwortung mit Unterstützung durch die Erwachsenen selbst bewältigen. Ein wesentlicher Eckpunkt dieses Konzeptes sind regelmäßige Gruppensitzungen, die von den Professionellen moderiert werden. Die Erwachsenen – wie Gerhard Veith aus einer Einrichtung berichtet (Veith 2008) – sitzen mit den Kindern und Jugendlichen in einem Stuhlkreis zusammen, haben allerdings als einzige einen Tisch vor sich, womit sie deutlich machen, dass sie nicht zu der Gruppe gehören. Die Sitzung hat einen ritualisierten Verlauf, dessen Einhaltung von den Moderator*innen garantiert wird: Nach einer Ankommens-Phase mit Entspannungsübung werden – in der Phase der Problemreportage – von den Gruppenmitgliedern Ereignisse und Probleme der vergangenen Woche eingebracht. Die Gruppe entscheidet dann, wer die Unterstützung und Hilfe am meisten benötigt, wessen oder welches ‚Problem' am dringlichsten ist, wem das Gespräch am meisten nützen könnte, welches der dargestellten Probleme in den Fokus der Gruppenberatung gestellt wird. Die vierte Phase, die ‚Problemlösung' ist der zentrale Teil einer solchen Sitzung. Bei der anschließenden Zusammenfassung wirken die Moderator*innen aktiv mit, während sie sich zuvor eher zurückgehalten haben. Mit einer Ruhephase wird die Sitzung abgeschlossen, über die Inhalte des Peer Group Counseling besteht absolute Vertraulichkeit.

Themenzentrierte Prozessanalyse

Behnisch u.a. stellen in ihrem Band (2013) die themenzentrierte Prozessanalyse als Möglichkeit der Prozessreflexion vor. Sie ergänzen das Modell der Themenzentrierten Interaktion mit den Eckpunkten „ES“, „ICH“ und „WIR“ (vgl. Cohn 2016) um die Verbindungen zwischen den Eckpunkten. Diese bezeichnen pädagogische Leitideen der Gruppenarbeit. Die Verbindung zwischen dem „ES“, also dem Sachbezug, und dem „ICH“, der einzelnen Person, wird als ‚Bildung‘ benannt. Bildung meint dabei „die Auseinandersetzung mit der Kultur, um das Aushalten von Spannungen und Widersprüchen bei der Erschließung von ‚ICH und Welt‘, das Sich-zu-eigen-machen begründbarer Ansichten, das ‚zugleich schwierige und gefährdete Kunststück individueller Selbstkonstitution‘ (Pongratz/Bünger 2008: 116).“ (ebd.: 115)

Abb. 7

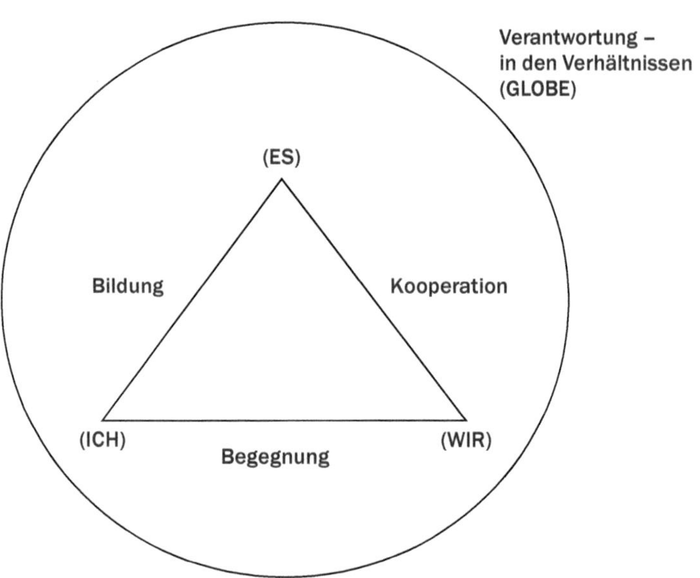

‚Begegnung‘ steht für die Verbindung zwischen ICH und WIR, die „Qualität der unmittelbaren Beziehung zu anderen Menschen. (…) Diese Qualität eines auf Verstehen und Verständigung angelegten Beziehungsverhältnisses zwischen Menschen lässt sich als Begegnung beschreiben“ (ebd.: 117). Im Mittelpunkt der Verbindung zwischen WIR und ES, der ‚Kooperation‘, steht

„das gemeinsame Tätigwerden an Aufgaben, Sachverhalten oder Inhalten. (…) Ein wesentliches Merkmal solcher Kooperation ist die Fähigkeit, gemeinsame Absichten in Bezug auf etwas zu verfolgen und dafür soziale Verbindlichkeiten (des Miteinander-Teilens, des Miteinander-Koordinierens, des Helfens und Unterstützens etc.) einzugehen." (ebd.: 120)

„Die humanistische Idee der ‚Freiheit in Verantwortung' ist ein Grundpfeiler und die grundlegende Orientierung einer auf die eigenständige und gemeinschaftsfähige Persönlichkeit abzielenden Entwicklungspädagogik. (…) Die übergreifende Leitidee der Verantwortung fordert dazu auf, sich selbst und andere als Person wahrzunehmen und zu achten, die ‚Gemeinschaftlichkeit einer Gruppe als Zuwendung zu unseren relevanten gemeinsamen Aufgaben an(zu)sehen' (Cohn 1984: 438) und unsere Bewusstseinsfähigkeit und Verantwortlichkeit über die jeweils verantwortliche interaktionelle Gruppe hinaus auf die umgebenden Verhältnisse zu richten" (ebd.: 122 f.).

Dieses Dreieck der verschiedenen Pole und der Beziehungen zueinander bildet das Raster der Themenzentrierten Prozessanalyse, mit dessen Hilfe beobachtet und analysiert werden kann, wie ausgewogen die Berücksichtigung der verschiedenen Eckpunkte und die Gestaltung von Bildungs- und Erziehungsprozessen, von Begegnung und Kooperation gelingt. In einer stark formalisierten Gruppenversammlung können möglicherweise der Kooperationsaspekt und der inhaltliche, also der Bildungsaspekt im Vordergrund stehen, während das Ich und die Begegnung der Kinder und Jugendlichen untereinander eher ausgeblendet ist, weil aufgrund der vorgegebenen Struktur es eher unwahrscheinlich wird, dass Heranwachsende etwas von sich, etwa ihre Gefühle, offenbaren.

4.5 Gruppenpädagogik und Gruppenarbeit als Training

Gruppentraining fällt in diesem Band in mehrfacher Hinsicht aus dem Rahmen: Gruppentraining versteht sich häufig eher als Arbeit mit Einzelnen vor dem Medium der Gruppe und weniger als Arbeit mit einer Gruppe. Außerdem widerspricht Gruppenpädagogik als Training in mancher Hinsicht dem Verständnis der Idee von selbstgesteuerten Lernprozessen, die gerade deshalb wirksam und von Dauer sind, weil sie nicht von außen bestimmt sind, sondern Entscheidungsmöglichkeiten der Adressat*innen offenlassen.

Auf der anderen Seite sind problematische Verhaltensweisen das Resultat langfristiger Lernprozesse, in denen – von Pädagog*innen unerwünschtes – Verhalten oft über lange Zeiträume bestätigt und verstärkt wurden. Training sozialer Kompetenzen richtet sich prinzipiell an jeden, der Schwierigkeiten in sozialen Situationen hat, Ziel ist die konstruktive Arbeit an den individuellen Schwierigkeiten und Problemen. Es kann auch bei psychischen Störungen wie sozialer Phobie, bei Suchtproblemen und psychosomatischen Störungen angewandt werden.

Es gibt eine Reihe unterschiedlicher Trainingsprogramme, die in der Regel auf behavioralen Ansätzen beruhen. Wir stellen zur Veranschaulichung ein bekanntes Beispiel vor.

Gruppentraining sozialer Kompetenzen nach Hinsch und Pfingsten

Die Verbesserung sozialer Kompetenzen gehört zu den wesentlichen praxisbezogenen Aufgaben von Sozialarbeiter*innen und Sozialpädagog*innen in der Arbeit mit ihrer Klientel. Hinsch und Pfingsten entwickelten zu Beginn der achtziger Jahre ein Gruppentraining sozialer Kompetenzen (GSK), das auf der Annahme basierte, dass Klient*innen oft über ähnliche Schwierigkeiten in sozialen Beziehungen berichten und es sinnvoll sein könnte, an diesen Schwierigkeiten im Gruppensetting zu arbeiten. Hinsch und Pfingsten definieren soziale Kompetenz als die „Fähigkeit eines Menschen, angemessene Kompromisse zwischen eigenen Bedürfnissen einerseits und sozialer Anpassung andererseits zu finden" (2007: 3). Sie begreifen Kompetenzen als lern- und trainierbare Verhaltensweisen, die dazu dienen, den sozialen Alltag besser und adäquater zu bewältigen. Den Trainingsprogrammen sozialer Kompetenzen liegen zumeist verhaltenstherapeutische und/oder lerntheoretische Annahmen zugrunde; es geht in der Regel um den Abbau von Ängsten, um den Ausgleich von Lerndefiziten sowie um das Entgegenwirken gegenüber aggressiven Verhaltensweisen und um den Aufbau prosozialer und kooperativer Verhaltensweisen.

Das GSK (Hinsch & Pfingsten 2007) geht davon aus, dass Verhaltensdefizite im sozialen Bereich vor allem durch fehlende Übung, mangelnde Verstärkung und ungünstige Vorbilder zustande kommen und dass dadurch kognitive Dysfunktionen, wie unzureichendes Wahrnehmungslernen, unangemessene Einstellungen und mangelndes Kompetenzvertrauen, entstehen. Das führt wiederum zu ungünstigen Selbstverstärkungsgewohnheiten wie z.B. der Missachtung von Selbstlob und der Förderung von Selbstbestrafung. Hinsch und Pfingsten (2007) unterscheiden in diesem Kontext drei Typen von sozialen Situationen, die in ihren Augen in besonderem Maße soziale Kompetenz zu deren Bewältigung verlangen. Bei dem Typus der ersten Situation geht es um die Anforderung und Schwierigkeit, berechtigte Forderungen und Interessen durchzusetzen. Ein beliebtes Beispiel ist die Situation, beschädigte Dinge umzutauschen oder im Restaurant kaltes Essen zurückgehen zu lassen oder aber auf die Einnahme des reservierten Platzes zu bestehen, auch wenn dieser bereits besetzt ist. Ein weiterer Situationstypus besteht in der Schwierigkeit, im Umgang mit Freunden, Partnern und Bekannten eigene Bedürfnisse und Wünsche angemessen vertreten zu können. Dabei geht es oft um die Fähigkeit, sich von den realen oder vermeintlichen Wünschen der anderen an die eigene Person abzugrenzen und beispielsweise auf einen Abend allein zu bestehen, statt wie üblich mit den anderen auszugehen. Der letzte Situationstypus beschreibt die Schwierigkeiten, die Sympathie anderer Leute zu gewinnen, sprich: Wie verhalte ich mich am besten, wenn ich bei Schneesturm auf der Autobahn mit meiner Autopanne nicht allzu lange allein bleiben möchte?

Die Bewältigung solcher Situationen wird nach Hinsch und Pfingsten auf der kognitiven, emotionalen und motorischen Ebene in Form von Rollenspielen, Entspannungstrainings und verschiedenen Selbstverbalisationsübungen (z.B. die Selbstlobeübung) in sieben Sitzungen eingeübt. Das GSK hat sich insbesondere bei Erwachsenen mit sozialen Kompetenzproblemen bewährt, ist aber auch mit Jugendlichen anwendbar.

Um abschließend für dieses Kapitel noch einmal auf den gemeinsamen Nenner dieser doch sehr unterschiedlichen Konzepte zu schauen, möchten wir an die anfangs (vgl. Glossar) genannte Definition von C.W. Müller (1987) anzuknüpfen:

Bei (guter) Gruppenpädagogik handelt es sich „inhaltlich (…)

1. um die Ablösung einer autoritären durch eine partnerschaftliche Erzieherhaltung;
2. um das Freimachen der Aktivität des Einzelnen in einem gemeinsam gestalteten Tun (Programm);
3. um das Ernstnehmen der selbsterzieherischen Tendenz schon in Kindheit und Jugendzeit; um das Raumgeben für ursprüngliche, entwicklungsgemäße Gemeinschafts- und Ausdrucksformen;
4. um ein pflegendes, bildendes oder führendes Arbeiten des Gruppenleiters in einer aktiv an ihrer Entwicklung mitbeteiligten Gruppe." (Müller 1987: 130)

Diese Definition macht deutlich, dass sich Gruppenpädagogik nicht auf die Anwendung methodischen Wissens in diesen Konzepten begrenzen lässt, sondern dies immer mit einer Haltung verbunden sein muss, die auf Partizipation, Ermöglichung von Selbstwirksamkeit und vermehrte Selbstbestimmung der Heranwachsenden gerichtet ist (vgl. auch Krause 2014).

5 Fazit und Herausforderungen

Das Wissen über Gruppen und Gruppenpädagogik ist eine vielfach unterschätzte Ressource für die Arbeit in den Hilfen zur Erziehung. Das ist zunächst der Struktur der Hilfen zur Erziehung geschuldet. Diese sind meist als Hilfe für die jeweils einzelne Familie, für Kinder und Jugendliche gedacht und konzipiert, es erscheint eher durch Sachzwänge notwendig oder zweckmäßig, eine Hilfe in einer Gruppe anzubieten, seltener scheint eine konzeptionelle Absicht damit verbunden zu sein.

Aber selbst, wenn mit der Bildung einer Gruppe keine explizite pädagogische Absicht verbunden ist, ist es für Mitarbeiter*innen in den Hilfen wichtig, Gruppenprozesse verstehen und strukturieren zu können. Es gibt zwar eine Vielzahl von Heranwachsenden, die in ambulanten Erziehungshilfen wie Erziehungsberatung, -beistandschaft oder sozialpädagogische Familienhilfe sozialpädagogisch erreicht werden können. Wenn aber der Verbleib in der Primärgruppe nicht oder wenigstens zeitweise als nicht sinnvoll angesehen und die Unterbringung in einer Pflegefamilie nicht gewünscht wird, nicht sinnvoll erscheint oder nicht möglich ist, leben Kinder und Jugendliche, die Hilfen zur Erziehung erhalten, für einen längeren Zeitraum ihrer Biografie in speziell für diesen Zweck eingerichteten Gruppen bzw. müssen diese nutzen, um die Primärgruppe zu ersetzen. Ob der Aufenthalt in einer Heim- oder Tagesgruppe als eine Chance für die Betroffenen zu bewerten ist oder als etwas, das es irgendwie zu überstehen gilt, hängt nicht zuletzt von der Qualität der Gruppenpädagogik ab.

Mitarbeiter*innen sollten geübt sein, Gruppenprozesse zu reflektieren, und versuchen, diese zu verstehen, vor allem gelernt haben, sich selbst und die eigene Beteiligung in der Dynamik der Gruppe zu beobachten und zu reflektieren. Dabei geht es nicht vor allem um ‚das Klarkommen' von Pädagog*innen in vermeintlich ‚schwierigen' Gruppensituationen – auch wenn es durchaus notwendig und hilfreich sein kann, wenn es Mitarbeiter*innen gelingt.

Rahmenbedingungen für gute Gruppenpädagogik

Wir wollen an dieser Stelle nicht erneut wesentliche Inhalte zusammenzufassen, sondern einen Punkt noch einmal ausdrücklich betonen: Es war in diesem Band schon einige Male von der notwendigen Haltung der Erwachsenen die Rede, die Voraussetzung für gute Gruppenpädagogik ist. Diese Haltung ist nicht nur von allen Akteuren innerhalb der Einrichtungen und deren Trägern gefragt, auch die Mitarbeiter*innen von Jugendämtern müssen „Offenheit, Transparenz, Flexibilität, Fehlerfreundlichkeit“ (Krause 2014) praktizieren, um eine Kultur von Beteiligung möglich zu machen. Ebenfalls müssten auch Schulen und andere Kooperationspartner der Jugendhilfe in dieser Weise einbezogen sein, um Kindern und Jugendlichen die Möglichkeit einzuräumen, aus Fehlern zu lernen, beteiligt und ernstgenommen zu sein.

Dies allein reicht allerdings nicht. Neben der notwendigen Haltung und dem Wissen von Mitarbeiter*innen der Jugendhilfe bedarf es Rahmenbedingungen, die gute Gruppenpädagogik unterstützen.

Absicherung der Kontinuität der Gruppenmitglieder

Der Idealfall einer Wohn- oder Tagesgruppe mit einem gemeinsamen Anfang und Ende (vgl. Freigang & Wolf 1981; Hartwig u.a. 2010) ist angesichts der individualisierten Hilfegewährung kaum herzustellen. Allerdings ließe sich das Dilemma möglicherweise dadurch reduzieren, dass das Finanzierungssystem – wenigstens für die planbar etwas längerfristigen Fälle – von Tagessätzen auf (Schul-)Jahressätze umgestellt würde und so für die Kinder und Jugendlichen, die absehbar längerfristig in einer Heim- oder Tagesgruppe bleiben sollen, eine minimale Beziehungskontinuität abgesichert werden könnte. Damit könnten auch für Mitarbeiter*innen Ausstiegsszenarien entwickelt werden, die den pädagogischen Absichten wenigstens nicht diametral entgegenstünden.

Leben-Lernen in Gruppen anstelle von Erzogen-Werden

Gruppen in der Erziehungshilfe sollten Orte sein, in denen es möglich ist, mit und von Erwachsenen und anderen Heranwachsenden zu lernen: Orte, die attraktiv sind, die geschützt sind vor der Willkür und Unberechenbarkeit Erwachsener und anderer Jugendlicher, wie sie die Kinder und Jugendlichen in anderen Lebenswelten erfahren haben, pädagogische Orte, in denen Sicherheit, Partizipation und Verlässlichkeit garantiert sind. Das bedeutet auch, dass solche Orte Strukturen haben müssen, in denen mit Krisen umgegangen werden kann, in denen es vorgesehen ist, dass Kinder und Jugendliche sich so zeigen, wie sie sich zu Hause oder in der Schule gezeigt haben, ohne dass damit ihre Berechtigung zur Anwesenheit in Frage gestellt wird. Dies meint nicht, dass die Übermacht der Erwachsenen gesichert sein muss, sondern dass eine Pädagogik des sicheren Ortes hergestellt werden sollte. Dafür ist nicht nur Sicherstellung eines angemessenen Mitarbeiter*innenschlüssels durch den Jugendhilfeträger notwendig, sondern auch die Qualifizierung der Mitarbeiter*innen, die über Feinfühligkeit verfügen und auf Bindungsbedürfnisse eingehen können sollten, Kinder und Jugendliche schützen oder sich ggf. zurückhalten können sollten.

Kontinuität in den Gruppen könnte auch in anderer Hinsicht hilfreich sein. Zugehörigkeiten in Primärgruppen müssten nicht mit dem Geburtstag enden oder daran gekoppelt werden. Fast kein Kind scheidet als Familienmitglied aus, nur weil es 18 geworden ist, in Gruppen der Erziehungshilfe entsteht regelmäßig die Frage nach dem „Wie lange noch?“, was zeigt, dass nicht verstanden wurde, was Primärgruppen – oder deren „Ersatz“ – für Heranwachsende bedeuten. Gerade bei jungen Menschen, die in ihrer Kindheit Diskontinuität und Verunsicherung erfahren haben, scheint die Stabilisierung ihrer Entwicklung häufig in einem engen Zusammenhang mit der Stabilität in ihrer Bezugsgruppe aus Jugendlichen und Mitarbeiter*innen. Nimmt man ihnen die Gruppe, kann es so sein, als nehme man einem Kranken das Medikament, das ihnen geholfen hat. Systemzwänge in dieser Hinsicht müssten wenigstens so weit reduzierbar sein, dass solche Entscheidungen unter Partizipation der Betroffenen getroffen werden können.

Wissenstransfer in andere Bereiche

Einrichtungen der Kinder- und Jugendhilfe machen Erfahrungen und bewältigen Aufgaben, an denen andere Institutionen scheitern. Natürlich scheitern auch Gruppen in den Erziehungshilfen, aber vielfach gelingt es, Kinder und Jugendliche trotz sogenanntem ‚schwierigen Verhalten' auszuhalten oder zu integrieren. Dieses Wissen könnte für andere Bereiche – etwa für die Schule, für Vereine u.a. – nutzbar gemacht werden. Jugendhilfe könnte hier aus der Defensive herauskommen, wenn sie sich dies angesichts ihres Schmuddelkind-Daseins traut, da sie über weitaus mehr reflektierte Praxis der Gruppenpädagogik verfügt als andere pädagogische Bereiche. Mit dem Wissen und den Erfahrungen über Gruppenprozesse, die sich ähnlich auch in Schulklassen abspielen, dem Wissen über die Bedeutung der Bearbeitung von Störungen für die Herstellung der Arbeitsfähigkeit einer Gruppe oder Klasse, könnten auch in anderen Bereichen – wie z.B. Schulen, Sportgruppen, Musikgruppen oder der kirchlichen Kinder- und Jugendarbeit – Verantwortliche von den Erfahrungen der Jugendhilfe profitieren oder wenigstens in einen Erfahrungsaustausch kommen. Vielleicht gelingt diesem Band ein kleiner Beitrag zu solch einem Diskurs.

Literatur

Adler, Alfred; Ansbacher, Heinz L. (Hg.) (1982): Alfred Adlers Individualpsychologie. Eine systematische Darstellung seiner Lehre in Auszügen aus seinen Schriften. 3., erg. Aufl. München: Reinhardt.

Ahnert, Lieselotte (2009): Bildungsentwicklung im Spannungsfeld von Familie und öffentlicher Betreuung. In: Karl Heinz Brisch und Theodor Hellbrügge (Hg.): Wege zu sicheren Bindungen in Familie und Gesellschaft. Prävention, Begleitung, Beratung und Psychotherapie. Stuttgart: Klett-Cotta.

Ahnert, Lieselotte (Hg.) (2014): Frühe Bindung. Entstehung und Entwicklung. Unter Mitarbeit von Jörg Maywald. 3. Aufl. München, Basel: Ernst Reinhardt.

Aichhorn, August (1925): Verwahrloste Jugend. Die Psychoanalyse in d. Fürsorgeerziehung; 10 Vortr. zur ersten Einf. Unter Mitarbeit von Sigmund Freud. Wien: Internationaler Psychoanalyt. Verlag.

Angermaier, Michael J.W. (1994): Gruppenpsychotherapie. Lösungsorientiert statt problemhypnotisiert. Weinheim: Beltz Psychologie-Verlags-Union.

Ansbacher, Heinz L.; Ansbacher, Rowena R. (Hg.) (2004): Alfred Adlers Individualpsychologie. Eine systematische Darstellung seiner Lehre in Auszügen aus seinen Schriften. 5. Aufl. München: Reinhardt.

Ardelt-Gattinger, Elisabeth; Lechner, Hans; Schlögl, Walter (Hg.) (1998): Gruppendynamik. Anspruch und Wirklichkeit der Arbeit in Gruppen. 1. Aufl. Göttingen: Verl. für Angewandte Psychologie.

Argyris, Chris; Schön, Donald A. (2008): Die lernende Organisation. Grundlagen, Methode, Praxis. 3. Aufl. Stuttgart: Klett-Cotta.

Arnold, J. (2010): Der Bystander-Effekt. Warum Menschen nicht helfen und welche Faktoren eine Hilfeleistung begünstigen können. unveröffentlichte Diplomarbeit, Neubrandenburg.

Aronson, Elliot; Wilson, Timothy D.; Akert, Robin M. (2004): Sozialpsychologie. 4., aktualisierte Aufl. München: Pearson Studium.

Aronson, Elliot; Wilson, Timothy D.; Akert, Robin M. (2008): Sozialpsychologie. 6. Aufl. München: Pearson Studium.

Asch, Solomon E. (1955): Opinions and social pressure. Reprinted. San Francisco, Calif.: Freeman. S. 31–35.

Bank, Stephen P.; Kahn, Michael D. (1991): Geschwister-Bindung. 2. Aufl. Paderborn: Junfermann.

Beck, Ulrich; Beck-Gernsheim, Elisabeth (Hg.) (1994): Riskante Freiheiten. Individualisierung in modernen Gesellschaften. Erstausgabe. Frankfurt a.M.: Suhrkamp.

Behnisch, Michael; Lotz, Walter; Maierhof, Gudrun (2013): Soziale Gruppenarbeit mit Kindern und Jugendlichen. Theoretische Grundlage – methodische Kon.zeption – empirische Analyse. Weinheim, Basel: Beltz Juventa.

Bernfeld, Siegfried (1921): Kinderheim Baumgarten. Bericht über e. ernsthaften Versuch mit neuer Erziehung. Berlin: Jüd. Verlag.

Bernstein, Saul; Lowy, Louis (Hg.) (1975): Neue Untersuchungen zur Sozialen Gruppenarbeit. 2. Aufl. Freiburg i.Br.: Lambertus (engl. Orig.: Further explorations in group work, 1970; dt. Erstausg. 1975).

Bettelheim, Bruno (2008): Kinder brauchen Märchen. 28. Aufl. München: dtv.

Bettelheim, Bruno (1955): So können sie nicht leben. Die Rehabilitierung emotional gestörter Kinder. Stuttgart: Klett.
Bettelheim, Bruno (1971): Liebe allein genügt nicht. Die Erziehung emotional gestörter Kinder. Stuttgart: Klett.
Bettelheim, Bruno (1982): Erziehung zum Überleben. Zur Psychologie d. Extremsituation. München: dtv.
Bolm, Thomas; Hofmann-Dally, Andreas; Staats, Hermann (2014): Gruppenpsychotherapie und Gruppenanalyse. In: Hermann Staats, Andreas Hofmann-Dally und Thomas Bolm (Hg.): Gruppenpsychotherapie und Gruppenanalyse. Ein Lehr- und Lernbuch für Klinik und Praxis. Göttingen: Vandenhoeck & Ruprecht, S. 15–20.
Boos, Margarete et al. (2007): In: Kai J. Jonas, Margarete Boos und Veronika Brandstätter (Hg.): Zivilcourage trainieren! Theorie und Praxis. Göttingen: Hogrefe.
Brisch, Karl Heinz (2010): Bindung und seelische Entwicklungswege. Mit Beiträgen von Mary Main, Inge Bretherton, Peter Fonagy, Beatrice Beebe, Karlen Lyons-Ruth u. a., 3. Aufl.
Cartwright, Dorwin Philip; Zander, Alvin Frederick (1968): Group dynamics. Research and theory; edited by Dorwin Cartwright, Alvin Zander. 3rd ed. London: Tavistock Publications.
Cierpka, Manfred (2001): Geschwisterbeziehungen aus familientherapeutischer Perspektive – Unterstützung, Bindung, Rivalität und Neid. In: *Praxis der Kinderpsychologie und Kinderpsychiatrie: Ergebnisse aus Psychotherapie, Beratung und Psychiatrie* 50 (2001), S. 440–453.
Cohn, Ruth C. (1970): Das Thema als Mittelpunkt interaktioneller Gruppen. In: *Gruppenpsychotherapie und Gruppendynamik* 3 (2), S. 251–259.
Cohn, Ruth C. (2016): Von der Psychoanalyse zur themenzentrierten Interaktion. Von der Behandlung einzelner zu einer Pädagogik für alle. 18. Aufl. Stuttgart: Klett-Cotta.
Cooley, Charles Horton (Gencoe III 1956): 1. Primary Group: Gencoe III.
Crawford, Karin; Price, Marie; Price, Bob (Hg.) (2015): Groupwork practice for social workers. London: SAGE Publications.
Das Rauhe Haus: Stiftung bürgerlichen Rechts, eingetragen im Stiftungsregister der Freien und Hansestadt Hamburg. Vorstand: Pastor Dr. Friedemann Green, Sabine Korb-Chrosch. Online verfügbar unter http://www.rauheshaus.de/impressum.html, zuletzt geprüft am 24.01.2018.
Destatis (2017): Statistisches Bundesamt. Online verfügbar unter https://www.destatis.de/DE/ZahlenFakten/GesellschaftStaat/Bevoelkerung/Mikrozensus.html, zuletzt geprüft am 24.01.2018.
Dornes, Martin (2012): Die Modernisierung der Seele. Kind – Familie – Gesellschaft. Orig.-Ausg. Frankfurt a. M.: Fischer Taschenbuch.
Dupont, Kerstin (1998): Geschwisterposition und Persönlichkeitsentwicklung. Ein Vergleich der Theorie Alfred Adlers mit aktuellen Forschungsergebnissen, Rheinische Friedrich-Wilhelms-Universität Bonn. Philosophische Fakultät, Erziehungswissenschaften.
Edding, Cornelia; Schattenhofer, Karl (Hg.) (2015): Handbuch. Alles über Gruppen. Theorie, Anwendung, Praxis. 2., überarb. u. erw. Aufl. Weinheim, Basel: Beltz.
Elias, Norbert (1970): Was ist Soziologie? München: Juventa.
Förderverein Kabarett und Chanson e.V. (Hg.). Online verfügbar unter https://www.georgkreisler.info/, zuletzt geprüft am 22.01.2018.

Foster Wallace, David (2009): Unendlicher Spaß. [Roman]. 4. Aufl. Köln: Kiepenheuer & Witsch.
Freigang, Werner Wolf, Frieder; (1982): Wohngruppenleben. Bericht über eine Einrichtung öffentlicher Erziehung. Frankfurt/Main: Internat. Ges. für Heimerziehung.
Freigang, Werner; Wolf, Klaus (2001): Heimerziehungsprofile. Sozialpädagogische Porträts. 1. Aufl. Weinheim: Beltz.
Frick, Jürg (2004): Ich mag dich – du nervst mich! Geschwister und ihre Bedeutung für das Leben. 1. Aufl. Bern: Huber.
Gabriel, Thomas; Winkler, Michael (Hg.) (2003): Heimerziehung. Kontexte und Perspektiven. München: Reinhardt.
Galuske, Michael (2007): Methoden der Sozialen Arbeit. Eine Einführung. 5. Aufl. Weinheim, München: Juventa.
Galuske, Michael; Böhle, Andreas (2010): Evaluation des Trainingscamps Lothar Kannenberg. Erste Befunde zu Delinquenzverläufen der Klienten vor und nach der Maßnahme. In: *Zeitschrift für Jugendkriminalrecht und Jugendhilfe (ZJJ)* (21.1/2010), S. 52–61.
Garland, Jamey A.; Jones, Hubert E.; Kolodny, Ralph L. (1969): Ein Modell für Entwicklungsstufen in der Sozialarbeit – Gruppe. In: Saul Bernstein und Louis Lowy (Hg.): Untersuchungen zur sozialen Gruppenarbeit in Theorie und Praxis. Freiburg i. Br.: Lambertus., S. 43–102.
Geißler, Karlheinz A.; Hege, Marianne (2007): Konzepte sozialpädagogischen Handelns. Ein Leitfaden für soziale Berufe. Weinheim, München: Juventa.
Gerland, Axel (2006): Narrative Gruppentherapie. Theorie und Praxis eines systemischen Modells. Dortmund: Borgmann Media.
Giesecke, Hermann (1997): Die pädagogische Beziehung. Pädagogische Professionalität und die Emanzipation des Kindes. Weinheim, München: Juventa.
Goffman, Erving (1995): Asyle. Über die soziale Situation psychiatrischer Patienten und anderer Insassen. 10. Aufl. Frankfurt a. M.: Suhrkamp.
Grossmann, Karin & Grossmann, Klaus E. (2012, 2017[7]): Bindungen – Das Gefüge psychischer Sicherheit. Völlig überarb. Aufl. (Attachment. The composition of psychological security). Stuttgart: Klett-Cotta.
Hartwig, Luise; Kugler, Christine (Hg.) (2010): Gruppenpädagogik in der Heimerziehung. 1. Aufl. Frankfurt a. M.: IGfH-Eigenverlag.
Hax-Schoppenhorst, Thomas (2007): Große Schwester – kleiner Bruder. Konflikte in Geschwisterbeziehungen überwinden. Neukirchen-Vluyn: Neukirchener Verl.-Haus.
Heimgartner, Arno; Lauermann, Karin (Hg.) (2006): Kultur in der Sozialen Arbeit. Festschrift für Josef Scheipl. Klagenfurt u. a.: Mohorjeva Hermagoras.
Hesse, Jürgen (2006): Aspekte und Fragen zur Systemisch-Lösungsorientierten Gruppentherapie oder. Wie können unterschiedliche Aspektwechsel als Ressourcenfeld organisiert werden? In: Haja Molter und Jürgen Hargens (Hg.): Ich – du – wir – und wer sonst noch dazugehört: Systemisches Arbeiten mit und in Gruppen. Dortmund: borgmann publishing, S. 9–32.
Hinsch, Rüdiger; Pfingsten, Ulrich (2007): Gruppentraining sozialer Kompetenzen. GSK; Grundlagen, Durchführung, Anwendungsbeispiele. 5., vollst. überarb. Aufl. Weinheim u. a.: Beltz PVU.
Hirsch, Mathias (2010): Mentalisierung und Symbolisierung in der analytischen Gruppenpsychotherapie. In: Mathias Hirsch (Hg.): Die Gruppe als Container. Mentalisierung und Symbolisierung in der analytischen Gruppenpsychotherapie. 2. Aufl. Göttingen: Vandenhoeck & Ruprecht, S. 34–85.

Hollenstein, Marc (2007): Theorie der sozialen Vergleichsprozesse (von festinger). Norderstedt: Grin.

Jaenicke, Chris (2006): Das Risiko der Verbundenheit. Intersubjektivitätstheorie in der Praxis. Stuttgart: Klett-Cotta (195).

Justizvollzugsanstalt Adelsheim: Justiz in Baden-Württemberg. Online verfügbar unter http://www.jva-adelsheim.de/pb/,Lde/Startseite/Vollzugseinrichtung/Just+Community, zuletzt geprüft am 24.01.2018.

Kamp, Johannes-Martin (1995): Kinderrepubliken. Geschichte, Praxis und Theorie radikaler Selbstregierung in Kinder- und Jugendheimen. Vollst. zugl.: Essen, Univ., Diss., 1994. Opladen: Leske + Budrich.

Karle, Michael (2001): Die Bedeutung von Geschwisterbeziehungen bei einer Trennung der Eltern. In: *Praxis der Kinderpsychologie und Kinderpsychiatrie* (50), S. 401–402.

Kasten, Hartmut (2003): Geschwister. Vorbilder, Rivalen, Vertraute. 5. Aufl. München u. a.: Reinhardt.

Kasten, Hartmut (zuletzt geändert am 2012). Online verfügbar unter: http://www.familienhandbuch.de/familie-leben/familienformen/geschwister/geschwister.php, zuletzt aktualisiert am zuletzt geändert am 29.02.2012, zuletzt geprüft am 22.01.2018.

Keisler, Georg 23.01.2018) Online verfügbar unter: https://www.georgkreisler.info/, zuletzt geprüft am 23.01.2018.

Kersting, Heinz; Krapohl, Lothar (1997): Das Developmental Model der Sozialen Gruppenarbeit. In: Georg Nebel und Bernd Woltmann-Zingsheim (Hg.): Werkbuch für das Arbeiten mit Gruppen. Texte und Übungen zur Sozialen Gruppenarbeit. Aachen: Kersting-IBS, S. 362–371.

Kersting, Heinz J. (2002): Zirkelzeichen. Supervision als konstruktivistische Beratung. Aachen: Kersting.

Keupp, Heiner (2002): Identitätskonstruktionen. Das Patchwork der Identitäten in der Spätmoderne. 2. Aufl. Reinbek bei Hamburg: Rowohlt Taschenbuch.

Keupp, Heiner (2010): Identitäten, befreit von Identitätszwängen, aber verpflichtet zur Identitätsarbeit. In: *Familiendynamik* 35 (2), S. 100–109.

Kleber, Magda (1965): Was verstehen wir unter Gruppenpädagogik? In: Carl Wolfgang Müller (Hg.) (1987): Gruppenpädagogik. Auswahl aus Schriften und Dokumenten. Weinheim: Beltz, S. 127–140.

Klika, Dorle (2000): Herman Nohl. Sein ‚Pädagogischer Bezug' in Theorie, Biographie und Handlungspraxis. Köln: Böhlau.

König, Oliver (2010): Familiendynamik und Gruppendynamik. Gegenstand und Verfahren – Konvergenzen und Konkurrenzen. In: *Familiendynamik. Systemische Praxis und Forschung* 35 (4), S. 292–301.

König, Oliver; Antons, Klaus (Hg.) (1999): Gruppendynamik. Geschichte, Theorien, Methoden, Anwendungen, Ausbildung. 3. Aufl. München: Profil.

König, Oliver; Schattenhofer, Karl (2012): Einführung in die Gruppendynamik. 6. Aufl. Heidelberg: Carl-Auer-Systeme.

Kommission Heimerziehung; Internationale Gesellschaft für Heimerziehung (1977): Zwischenbericht Kommission Heimerziehung der Obersten Landesjugendbehörden und der Bundesarbeitsgemeinschaft der Freien Wohlfahrtspflege. Heimerziehung u. Alternativen; Analysen u. Ziele für Strategien. Frankfurt/Main: Internat. Ges. für Heimerziehung, Sektion Bundesrepublik Deutschland.

Konopka, Gisela (2000): Soziale Gruppenarbeit. Ein helfender Prozess. Repr. der 6., überarb. Aufl. 1978. Hg. v. Hildegard Feidel-Mertz. Weinheim: Dt. Studien-Verlag.
Korczak, Janusz (1969): Wie man ein Kind lieben soll. Göttingen: Vandenhoeck & Ruprecht.
Körner, Wilhelm (Hg.) (2011): Erfassung von Kindeswohlgefährdung in Theorie und Praxis. Lengerich, Wien u. a.: Pabst Science Publ.
Krapohl, Lothar (1997): Klassische Modelle Sozialer Gruppenarbeit. In: Georg Nebel und Bernd Woltmann-Zingsheim (Hg.): Werkbuch für das Arbeiten mit Gruppen. Texte und Übungen zur Sozialen Gruppenarbeit. Aachen: Kersting-IBS, S. 31–45.
Krause, Hans-Ullrich; Peters, Friedhelm (Hg.) (2014): Grundwissen Erzieherische Hilfen. Ausgangsfragen, Schlüsselthemen, Herausforderungen. 4., überarb. und aktual. Aufl. Weinheim, Basel: Beltz Juventa.
Landenberger, Georg; Trost, Rainer (1988): Lebenserfahrungen im Erziehungsheim. Identität u. Kultur im institutionellen Alltag. Frankfurt a. M.: Brandes & Apsel.
Langosch, Andreas (2008): Ressourcen, Stärken, Möglichkeiten. Praxishandbuch für ressourcenorientiertes Arbeiten in Management, Selbstmanagement, Supervision, Coaching, Therapie, Beratung und Sozialer Arbeit. 3., verb. Aufl. Kiel: A. Langosch.
Latané, Bibb; Darley, John M. (1970): The unresponsive bystander. Why doesn't he help? Englewood Cliffs, NJ: Prentice-Hall (Century psychology series).
Leman, Kevin (2004): Geschwisterkonstellationen. Die Familie bestimmt Ihr Leben. 6. Aufl. München: Mvg.
Ludwig, Sabine (2012): Miss Braitwhistle kommt in Fahrt. Hamburg: Dressler.
Luft, Joseph (1971): Einführung in die Gruppendynamik. Stuttgart: Klett.
Mähler, Bettina (2002): Geschwister. Krach und Harmonie im Kinderzimmer. Unter Mitarbeit von Bettina Mähler, Regina Oehler und Tobias Borries. Orig.-Ausg., 5. Aufl. Reinbek bei Hamburg: Rowohlt.
Mannschatz, Eberhard (2003): Gemeinsame Aufgabenbewältigung als Medium sozialpädagogischer Tätigkeit. Denkanstöße für die Wiedergewinnung des Pädagogischen aus der Makarenko-Rezeption. 1. Aufl. Berlin: Trafo-Verl. Weist.
Manteufel, Andreas; Schiepek, Günter (1998): Systeme spielen. Selbstorganisation und Kompetenzentwicklung in sozialen Systemen. 1. Aufl. Göttingen: Vandenhoeck & Ruprecht.
Marks, Stephan (2016): Scham – die tabuisierte Emotion. 6., überarbeitete Neuausgabe der 2. Aufl. Ostfildern: Patmos.
Maslow, Abraham Harold (1981): Motivation und Persönlichkeit. Reinbek b. Hamburg: Rowohlt Taschenbuch.
Mies, Thomas (2006): Grenzereignisse in der Gruppenpsychotherapie. Grenzverletzung und Übergangsraum. In: *Psychosozial* 29 (103/1), S. 130.
Molter, Haja (Hg.) (2002): Ich – du – wir – und wer sonst noch dazugehört. Systemisches Arbeiten mit und in Gruppen. Dortmund: Borgmann.
Molter, Haja; Hargens, Jürgen (Hg.) (2006): Ich – du – wir – und wer sonst noch dazugehört: Systemisches Arbeiten mit und in Gruppen. Dortmund: borgmann publishing.
Müller, C. Wolfgang (1988): Wie Helfen zum Beruf wurde. Bd. 2. Eine Methodengeschichte der Sozialarbeit 1945–1985. Weinheim: Beltz.

Müller, Matthias (2008): Polyglotte Kommunikation. Soziale Arbeit und die Vielsprachigkeit ihrer Praxis. Heidelberg: Carl-Auer.

Myers, David G. (2005): Psychologie. 2., erw. u. akt. Aufl. Heidelberg: Springer.

Nebel, Georg; Woltmann-Zingsheim, Bernd (1997): Nur so und immer anders. zur Autopoiesis der sozialen Gruppen(arbeit). In: Georg Nebel und Bernd Woltmann-Zingsheim (Hg.): Werkbuch für das Arbeiten mit Gruppen. Texte und Übungen zur Sozialen Gruppenarbeit. Aachen: Kersting-IBS, S. 17–30.

Niederberger, Josef Martin (1997): Kinder in Heimen und Pflegefamilien. Fremdplazierung in Geschichte und Gesellschaft. Bielefeld: Kleine.

Nitsch, Cornelia; Beil, Brigitte (2007): Beide Hände reich ich dir. Geschwister – glücklich, wer sie hat. Orig.-Ausg., 1. Aufl. München: Goldmann.

Opp, Günther; Teichmann, Jana (Hg.) (2008): Positive Peerkultur. Best practices in Deutschland. Bad Heilbrunn: Klinkhardt.

Opp, Günther; Unger, Nicola (Hg.) (2006): Kinder stärken Kinder. Positive Peer Culture in der Praxis. Hamburg: Ed. Körber-Stiftung.

Pestalozzi, Johann Heinrich (1822): Pestalozzi's Brief an einen Freund über seinen Aufenthalt in Stanz. Sämmtliche Schriften: Band 9: Vermischte Schriften pädagogischen Inhalts. Cotta, 1822. https://books.google.de/books?id=Q2BZAAAAcAAJ&printsec=frontcover&hl=de&source=gbs_ge_summary_r&cad=0#v=onepage&q&f=false

Peters, Friedhelm (2001): Integrierte Erziehungshilfen. Qualifizierung der Jugendhilfe durch Flexibilisierung und Integration? 2. Aufl. Frankfurt/Main: IGFH-Eigenverl.

Petri, Horst (1996): Die Geburt der Geschwisterliebe. In: *Universitas* 51 (605), S. 1078–1089.

Preyer, Gerhard (2012a): Rolle, Status, Erwartungen und soziale Gruppe. Mitgliedschaftstheoretische Reinterpretationen. Wiesbaden: Springer VS.

Pongratz, Lieselotte; Hübner, Hans-Odo (1959): Lebensbewährung nach öffentlicher Erziehung. Eine Hamburger Untersuchung über das Schicksal aus der Fürsorge-Erziehung und der Freiwilligen Erziehungshilfe entlassener Jugendlicher. Darmstadt: Luchterhand.

Rechtien, Wolfgang (1999): Angewandte Gruppendynamik. Ein Lehrbuch für Studierende und Praktiker. 3., überarb. Aufl. Weinheim: Beltz, Psychologie Verlags Union.

Redl, Fritz; Fatke, Reinhard (1987): Erziehung schwieriger Kinder. Beiträge zu einer psychotherapeutisch orientierten Pädagogik. Neuausg., 4. Aufl. München: Piper.

Redl, Fritz; Wineman, David (1990): Kinder, die hassen. Auflösung und Zusammenbruch der Selbstkontrolle. 4. Aufl., Neuausg. 1984 (3. Aufl. dieser Ausg.). München, Zürich: Piper.

Redl, Fritz; Wineman, David (1993): Steuerung des aggressiven Verhaltens beim Kind. Dt. Erstausg., 6. Aufl., 19.–21. Tsd. München, Zürich: Piper.

Riemann, Fritz (2013): Grundformen der Angst. 41. Aufl. München, Basel: Ernst Reinhardt.

Rogers, Carl R. (1970): Carl Rogers on encounter groups. New York, NY: Harper & Row.

Rousseau, Jean-Jacques (1995): Emil oder über die Erziehung. 12., unveränd. Aufl. Paderborn: UTB

Ruch, Floyd L.; Zimbardo, Philip G. (1974): Lehrbuch der Psychologie. Eine Einführung für Studenten der Psychologie, Medizin und Pädagogik. Berlin, Heidelberg: Springer.

Sader, Manfred (2002): Psychologie der Gruppe. 8. Aufl. Weinheim, München: Juventa.
Sauer, Martin (1979): Heimerziehung und Familienprinzip. 1. Aufl. Neuwied, Darmstadt: Luchterhand.
Schewe, Karina (2009): Geschwisterbeziehung – Ihr Einfluss auf die (Persönlichkeits-)Entwicklung von Kindern und ihre Darstellung in Bilderbüchern. unveröffentl. Bachelorarbeit. Hochschule Neubrandenburg.
Schleiffer, Roland (2001): Der heimliche Wunsch nach Nähe. Bindungstheorie und Heimerziehung. Münster, Weinheim, Berlin, Basel: Votum.
Schmid, Marc: Psychische Gesundheit von Heimkindern. Eine Studie zur Prävalenz psychischer Störungen in der stationären Jugendhilfe. Weinheim und München 2007
Schmidt-Denter, Ulrich; Beelmann, Wolfgang (1995): Familiäre Beziehungen nach Trennung und Scheidung: Veränderungsprozesse bei Müttern, Vätern und Kindern: Forschungsbericht der Universität Köln.
Schmidt-Grunert, Marianne (1997): Soziale Arbeit mit Gruppen. Eine Einführung. Freiburg im Breisgau: Lambertus.
Schmidt-Grunert, Marianne (2009): Soziale Arbeit mit Gruppen. Eine Einführung. 3., überarb. Aufl. Freiburg: Lambertus.
Schön, Donald A. (1983): The reflective practitioner. How professionals think in action. New York: Basic Books.
Schrapper, Christian (2009): Die Gruppe als Mittel zur Erziehung – Gruppenpädagogik. In: Cornelia Edding, Karl Schattenhofer und Andreas Amann (Hg.): Handbuch alles über Gruppen. Theorie, Anwendung, Praxis. Weinheim: Beltz, S. 196–208.
Seiffge-Krenke, Inge (2001): Geschwisterbeziehungen zwischen Verbundenheit und Individuation: Versuch einer Konzeptualisierung. In: *Praxis der Kinderpsychologie und Kinderpsychiatrie* 50 (6), S. 421–439.
Sonnenmoser, Marion (2012): Einsamkeit: Einfluss auf den Therapieerfolg. In: *Deutsches Ärtzeblatt* (1), S. 24.
Staats, Hermann (2014): Mentalisieren, Triangulieren und Alterität. In: Hermann Staats, Andreas Hofmann-Dally und Thomas Bolm (Hg.): Gruppenpsychotherapie und Gruppenanalyse. Ein Lehr- und Lernbuch für Klinik und Praxis. Göttingen: Vandenhoeck & Ruprecht, S. 254–261.
Stahl, Eberhard (2012): Dynamik in Gruppen. Handbuch der Gruppenleitung. 3., vollst. überarb. und erw. Aufl. Weinheim: Beltz.
Stork, Remi (2007): Kann Heimerziehung demokratisch sein? Eine qualitative Studie zum Partizipationskonzept im Spannungsfeld von Theorie und Praxis. Weinheim, München: Juventa.
Tröster, Heinrich (2001): Die Beziehung zwischen behinderten und nichtbehinderten Geschwistern. Ein Überblick über den Froschungsstand. In: *Zeitschrift für Entwicklungspsychologie und Pädagogische Psychologie* 33 (1), S. 2–19.
Uhlendorff, Harald; Oswald, Hans (Hg.) (2002): Wege zum Selbst. Soziale Herausforderungen für Kinder und Jugendliche. Stuttgart: Lucius & Lucius.
Veith, Gerhard (2008): Gemeinsam für morgen handeln – Positive Peerkultur im Rahmen von Heimerziehung und sonstigen betreuten Wohnformen. In: Opp, Günther; Teichmann, Jana (Hg.) (2008): Positive Peerkultur. Best practices in Deutschland. Bad Heilbrunn: Klinkhardt. S. 31–58
Watzlawick, Paul (2011): Man kann nicht nicht kommunizieren. Das Lesebuch. 1. Aufl. Bern: Huber.

Watzlawick, Paul; Bavelas, Janet Beavin; Jackson, Don D. (1996): Menschliche Kommunikation. Formen, Störungen, Paradoxien. 9., unveränd. Aufl. Bern: Huber.

Watzlawick, Paul; Bavelas, Janet Beavin; Jackson, Don D. (2017): Menschliche Kommunikation. Formen, Störungen, Paradoxien. 13., unveränd. Aufl. Bern: Hogrefe.

Wedekind, Erhard; Hans, Georgi (2010): Systemische Orientierungsmöglichkeiten in der Gruppenarbeit. In: *Familiendynamik* 35 (4), S. 302–309.

Weidner, Jens; Colla, Herbert E.; Scholz, Christian (Hg.) (2001): Konfrontative Pädagogik. Das Glen Mills Experiment. 2., unveränd. Aufl. Mönchengladbach: Forum Verl. Godesberg.

Weidner, Jens; Kilb, Rainer; Kreft, Dieter (Hg.) (2004): Gewalt im Griff. 4. Aufl. Weinheim, München: Juventa.

Weidner, Jens; Kilb, Rainer (Hg.) (1997): Gewalt im Griff. Neue Formen des Anti-Aggressivitäts-Trainings. Weinheim: Beltz.

Wellhöfer, Peter R. (2007): Gruppendynamik und soziales Lernen. Theorie und Praxis der Arbeit mit Gruppen. 3., überarb. und erw. Aufl. Stuttgart: Lucius & Lucius.

Wetzstein, Thomas; Eckert, Roland; Erbeldinger, Patricia; Hilgers, Judith (2003): Selbstbildung und Gewalt in jugendlichen Cliquen. In: *Zeitschrift für Pädagogik* 49 (6), S. 837–854.

Wikipedia. Die freie Enzyklopädie (2018): Lothar Kannenberg. Online verfügbar unter https://de.wikipedia.org/wiki/Lothar_Kannenberg, zuletzt aktualisiert am 02.01.2018, zuletzt geprüft am 24.01.2018.

Winkler, Michael (2003): Ansätze einer Theorie kollektiver Erziehung – mit Nebenbemerkungen zur Pädagogik der Glen Mills Schools. In: Thomas Gabriel und Michael Winkler (Hg.): Heimerziehung. Kontexte und Perspektiven. München: Reinhardt, S. 212–239.

Winkler, Michael (2014): Gruppen wahrnehmen. In: Hermann Staats, Andreas Hofmann-Dally und Thomas Bolm (Hg.): Gruppenpsychotherapie und Gruppenanalyse. Ein Lehr- und Lernbuch für Klinik und Praxis. Göttingen: Vandenhoeck & Ruprecht, S. 65–71.

Winnicott, Donald W. (1974): Reifungsprozesse und fördernde Umwelt. München: Kindler.

Wolf, Klaus (1993): Entwicklungen in der Heimerziehung. Münster: Votum.

Wolf, Klaus (1999): Machtprozesse in der Heimerziehung. Votum, Münster.

Wolf, Klaus (2006): Sind sozialpädagogische Interventionen in Familienkulturen möglich und zulässig? In: Heimgartner, Arno, Lauermann, Karin (Hg.): Kultur in der sozialen Arbeit. Festschrift für Josef Scheipl. Klagenfurt u. a.: Mohorjeva Hermagoras, S. 231–250.

Wolff, Mechthild; Hartig, Sabine (2013): Gelingende Beteiligung in der Heimerziehung. Gute Praxis beim Mitreden, Mitwirken und Mitbestimmen von Kindern und Jugendlichen im Heimalltag. Ein Werkbuch für Jugendliche und ihre BetreuerInnen. 1. Aufl. Weinheim, Basel: Beltz Juventa.

Yalom, Irvin D. (2005): Im Hier und Jetzt. Richtlinien der Gruppenpsychotherapie. 2. Aufl. München: btb.

Yalom, Irvin D. (2006): Die Schopenhauer-Kur. Roman. Orig.-Ausg., 1. Aufl. München: btb.

Carolin Oppermann | Veronika Winter |
Claudia Harder | Mechthild Wolff |
Wolfgang Schröer (Hrsg.)
Lehrbuch Schutzkonzepte in pädagogischen Organisationen
2018, 330 Seiten, Broschur
ISBN: 978-3-7799-3091-4
Auch als E-BOOK erhältlich

Die Gewährleistung und Herstellung von Schutz und Sicherheit für Kinder und Jugendliche in pädagogischen Organisationen setzen Achtsamkeit und die Wahrung von Persönlichkeitsrechten voraus. Das Lehrbuch zeigt auf, wie AkteurInnen langfristige Entwicklungsprozesse in Organisationen zur partizipativen Gestaltung von Schutzkonzepten in Gang setzen können. Theoretisch und praktisch fundiert werden Gefährdungsanalysen sowie Maßnahmen der Prävention, Intervention und Aufarbeitung aufgezeigt. Das Lehrbuch richtet sich an Personen in der Lehre, Aus- und Fortbildung sowie an alle interessierten Fachkräfte.

Wilma Weiß | Anja Sauerer (Hrsg.)
»Hey, ich bin normal!«
Herausfordernde Lebensumstände im Jugendalter bewältigen. Perspektiven von Expertinnen und Profis
2018, 196 Seiten, broschiert
ISBN: 978-3-7799-3168-3
Auch als E-BOOK erhältlich

»Hey, ich bin normal!« ist der Titel und gleichzeitig die Botschaft des vorliegenden Buches. Erstmalig schreiben Expertinnen für herausfordernde Lebensumstände mit Profis ein Buch für Kinder und Jugendliche und Profis zum Traumaverstehen. Die Expertinnen sind Mädchen und junge Frauen, die herausfordernde Lebenssituationen überstanden, gemeistert haben und es noch tun. Sie wissen, um was es geht. Und sie schreiben mit Profis vor allem darüber, was hilft, zurechtzukommen. Die Autorinnen haben Teile ihrer Lebensgeschichte aufgearbeitet und sich in Workshops mit den Herausgeberinnen in die traumapädagogische Theorie eingearbeitet. All dies wird so erklärt und beschrieben, dass es Kinder- und Jugendliche verstehen, daran anknüpfen können und vielleicht Mut gewinnen für eigene Wege. Ebenso ist es ein Buch für Fachkräfte in den erzieherischen Hilfen, des Jugendamtes, Therapeuten, Pflegeeltern, Menschen in Bildungseinrichtungen und viele andere mehr.